Curso

La diferencia entre aprobar y sacar plaza

Celador/a

Servicio Gallego de Salud (SERGAS)

Si aún no dispones de tu **Curso MAD360**, te ofrecemos un acceso GRATIS de 30 días para que disfrutes de los siguientes recursos:

- Técnicas de Memoria 360.
- MADTEST: Test *online* Nivel PRO.
- Temario en formato digital.
- Vídeos.
- Esquemas.
- Planificación de estudio.
- Foro entre opositores hasta la fecha del examen.*
- Recursos y novedades exclusivas.
- Consúltanos sobre tu oposición y proceso selectivo.
- Actualizaciones legislativas (Boletines Oficiales) hasta 60 días antes de la fecha del examen.*

AF276589

Para acceder a esta prueba del Curso MAD360** será necesaria la compra de todos los libros para esta especialidad de la edición 2025.

Regístrate en **mad.es/iniciar-sesion** y en la pestaña MIS CURSOS valida los códigos que encuentras en la última página de tus libros.

NOTA IMPORTANTE:

* Examen de esta categoría profesional correspondiente a la convocatoria publicada en el DOG n.º 170, de 4 de septiembre de 2025, o hasta el 31 de octubre de 2026, lo que se cumpla antes, y previa renovación del servicio.

** El acceso al CURSO MAD360 estará disponible desde octubre de 2025 (algunos recursos podrían estar disponibles en fecha posterior). Tendrá una duración de 30 días RENOVABLES mediante pago, desde la validación de códigos, o hasta el 30 de abril de 2027, lo que se cumpla antes.

MAD se reserva el derecho a ampliar dichas fechas.

Celador/a del Servicio Gallego de Salud (SERGAS)

Octubre 2025

Celador/a del Servicio Gallego de Salud (SERGAS)

Test del Temario y Supuesto Práctico

Autores

JOSEFA GUILLERMA GANCEDO CONS
Licenciada en Derecho
Jefa de Servicio de Gestión y Planificación en la Xunta de Galicia

ÁLVARO GARDÓN FERNÁNDEZ
Técnico Especialista. Celador

MIGUEL ÁNGEL ESTÉVEZ FERNÁNDEZ
Jefe de Personal Subalterno del Hospital do Meixoeiro, de Vigo

JOSÉ LUIS GARRIDO VELA
Licenciado en Derecho

FRANCISCO JESÚS TORRES FONSECA
Licenciado en Derecho

MIGUEL ÁNGEL NAVAS DUEÑAS
Ingeniero Superior en Telecomunicaciones
Profesor de Informática de Ciclos Formativos
de Grado Medio y Bachillerato

© 7 Editores Recursos para la Cualificación Profesional y el Empleo, S.L. (7 Editores)
© Los autores
Primera edición, octubre 2025 (162 páginas)
Derechos de edición reservados a favor de 7 Editores
IMPRESO EN ESPAÑA
Diseño Portada: 7 Editores
Edita: 7 Editores
Avda. San Francisco Javier, 9 · Edificio Sevilla 2 · Planta 11 · Módulos 25-27 · 41018 Sevilla
Teléfono: 954 784 411 · WEB: www.mad.es · e-mail: administracion@7editores.com
ISBN: 979-13-702-8081-9
© "Editorial Mad" y "Eduforma" son nombres comerciales registrados de
7 Editores Recursos para la Cualificación Profesional y el Empleo, S.L.

Índice

PARTE COMÚN

PARTE ESPECÍFICA

TEST

TEST N.º 1

La Constitución Española: principios fundamentales, derechos y deberes fundamentales de los españoles. La protección de la salud en la Constitución

1. Si un poder público, en su actuación, infringe lo dispuesto en el Preámbulo de la Constitución:

a) Incurre en nulidad.
b) Incurre en inconstitucionalidad.
c) No pasa nada, salvo que, como consecuencia de esa actuación, se infrinja un artículo de la propia Constitución.
d) Nada de lo anterior es cierto.

2. El principio en virtud del cual el ciudadano está amparado por una legislación no sujeta a continuos vaivenes es el de:

a) Legalidad.
b) Publicidad normativa.
c) Seguridad jurídica.
d) Jerarquía normativa.

3. El principio en virtud del cual un Reglamento no puede contradecir una Ley es el de:

a) Legalidad.
b) Jerarquía normativa.
c) Las respuestas a) y b) son correctas.
d) Seguridad jurídica.

4. Según la Constitución, una norma que imponga una nueva pena más leve para un delito:

a) No se aplica retroactivamente.
b) Puede aplicarse retroactivamente.

c) Ha de ser reglamentaria.
d) Atenta contra el principio de legalidad penal si se aplica retroactivamente.

5. Todos los españoles, respecto al castellano, tienen el:

a) Derecho-deber de conocerlo.
b) Derecho de usar y deber de conocerlo.
c) Derecho-deber de usarlo.
d) Nada de lo anterior.

6. La capital del Estado en España es:

a) La propia de cada Comunidad Autónoma.
b) Madrid.
c) Aquella donde se establezca en cada momento el Gobierno de la Nación.
d) Aquella en la que resida generalmente el Rey.

7. El pluralismo político, para nuestra Constitución, es un/una:

a) Principio General del ordenamiento político.
b) Valor superior del citado ordenamiento.
c) Principio rector de la política social y económica.
d) Derecho fundamental.

8. La forma política del Estado español es:

a) Unitaria y regionalizada.
b) Federal.
c) La Monarquía Parlamentaria.
d) La propia de un Estado Social y Democrático.

9. La justicia, según nuestra Constitución, es un/una:

a) Principio de nuestro ordenamiento jurídico.
b) Valor superior del anterior.
c) Manifestación del Estado democrático.
d) Todo lo anterior.

10. Un español de origen puede quedarse sin esta nacionalidad:

a) Por sanción administrativa.
b) Cuando libremente renuncie a la misma.
c) Por condena penal.
d) En ningún caso.

11. Constituye el fundamento del orden público y de la paz social, según la Constitución, el/la/los:

a) Derechos inviolables inherentes a la persona.
b) Estado social y democrático de Derecho.
c) Seguridad jurídica.
d) Justicia.

12. Las Comunidades Autónomas deben usar o instalar la bandera española:

a) En sus edificios.
b) En los actos oficiales.
c) Cuando lo solicite el Delegado del Gobierno de la Nación en las mismas.
d) Cuando lo estimen oportuno.

13. Deben tener una estructura interna y un funcionamiento democrático los/las:

a) Partidos Políticos.
b) Colegios Profesionales.
c) Organizaciones Profesionales.
d) Todos ellos.

14. La defensa de la integridad territorial de España se atribuye por la Constitución a/al/a las:

a) Fuerzas y Cuerpos de Seguridad.
b) Fuerzas Armadas.
c) Gobierno de la Nación.
d) Todas las anteriores.

15. El derecho de asilo en España está previsto para:

a) No repatriar a ciudadanos que hayan cometido un delito en un país extranjero.
b) No repatriar a españoles en el caso anterior.
c) Acoger en España a extranjeros perseguidos por motivos políticos en su país de origen.
d) Acoger en España a españoles emigrados al extranjero cuando pierdan el trabajo fuera de España.

16. Según la Constitución, el Estado es:

a) Apolítico.
b) Aconfesional.
c) De bienestar social.
d) Federal.

17. El derecho a la vida se consagra en el siguiente artículo de la Constitución:

a) 10.
b) 16.
c) 15.
d) 24.

18. La pena de muerte en España:

a) Ha quedado abolida.
b) Puede aplicarse en cualquier momento.
c) Solo se aplicará, en tiempo de guerra, a los militares.
d) Rige solo en el ámbito civil.

19. La inmediata puesta a disposición judicial derivada del *habeas corpus*, se produce por:

a) Detención ilegal.
b) Prisión ilegal.
c) Prisión preventiva.
d) Detención preventiva.

20. El proceso en el que se enjuicie a un presunto delincuente debe:

a) Ser sumario.
b) No dilatarse.
c) Entorpecer los instrumentos probatorios.
d) Nada de lo anterior es cierto.

En MADTEST tienes **más preguntas de este tema**, y todos tus avances quedan registrados y se reflejan en el ranking.

¡Supera tus límites con MADTEST!

Solución al test n.º 1

1. c) No pasa nada, salvo que, como consecuencia de esa actuación, se infrinja un artículo de la propia Constitución.

2. c) Seguridad jurídica.

3. c) Las respuestas a) y b) son correctas.

4. b) Puede aplicarse retroactivamente.

5. b) Derecho de usar y deber de conocerlo.

6. b) Madrid.

7. b) Valor superior del citado ordenamiento.

8. c) La Monarquía Parlamentaria.

9. b) Valor superior del anterior.

10. b) Cuando libremente renuncie a la misma.

11. a) Derechos inviolables inherentes a la persona.

12. b) En los actos oficiales.

13. d) Todos ellos.

14. b) Fuerzas Armadas.

15. c) Acoger en España a extranjeros perseguidos por motivos políticos en su país de origen.

16. b) Aconfesional.

17. c) 15.

18. a) Ha quedado abolida.

19. a) Detención ilegal.

20. b) No dilatarse.

TEST N.º 2

**Estatuto de Autonomía de Galicia: estructura y contenido.
El Parlamento. La Xunta y su Presidente.
La Administración Pública Gallega**

1. La Comunidad Autónoma gallega contará, para el desempeño de sus competencias, con:

a) Hacienda propia.
b) Patrimonio propio.
c) Economía propia.
d) Son correctas las respuestas a) y b).

2. El patrimonio de la Comunidad Autónoma estará integrado por:

a) El patrimonio de la Comunidad en el momento de aprobarse el Estatuto.
b) Los bienes afectos a servicios traspasados a la Comunidad Autónoma.
c) Los bienes adquiridos por la Comunidad Autónoma por cualquier título jurídico válido.
d) Todas son correctas.

3. Los poderes de la Comunidad Autónoma de Galicia emanan:

a) Del Estatuto de Autonomía, el pueblo y la Corona.
b) Del pueblo y la Constitución.
c) De la Constitución, del Estatuto de Autonomía de Galicia y del pueblo.
d) De la Constitución y del pueblo gallego.

4. La aprobación de los presupuestos de la Comunidad Autónoma de Galicia corresponde:

a) Al Presidente de la Xunta de Galicia.
b) A la Xunta de Galicia.
c) Al Congreso de los Diputados.
d) Al Parlamento de Galicia.

5. El Presidente del Tribunal Superior de Justicia de Galicia es nombrado:

a) Por el Presidente de la Junta, previo acuerdo del Parlamento de Galicia.
b) Por el Presidente del Gobierno, la propuesta de las Cortes Generales.
c) Por el Presidente del Gobierno, la propuesta del Consejo General del Poder Judicial.
d) Por el Rey, la propuesta del Consejo General del Poder Judicial.

6. El artículo 12.3 del Estatuto de Autonomía de Galicia dice que el Parlamento funcionara:

a) En Plenos y en Diputación Permanente.
b) En Plenos y en Comisiones, y se reunirá en sesiones ordinarias y extraordinarias.
c) En Plenos y en Mesas, y se reunirá en sesiones ordinarias.
d) En Pleno y en Diputación Permanente, y se reunirá en sesiones ordinarias y extraordinarias.

7. Como dice el artículo 15.3 del Estatuto de Autonomía de Galicia, el que propone al candidato a Presidente de la Xunta de Galicia es:

a) La Diputación Permanente.
b) El Parlamento Gallego en Pleno.
c) El Presidente del Parlamento.
d) El Rey.

8. Según el artículo 7.1 del Estatuto de Autonomía de Galicia, las comunidades gallegas asentadas fuera de Galicia podrán solicitar el reconocimiento de su galleguidad sin que en ningún caso implique la concesión de:

a) Derechos políticos.
b) Derechos culturales.
c) Subvenciones de la Xunta de Galicia.
d) Estatuto de Autonomía.

9. La iniciativa de la reforma del Estatuto corresponderá a:

a) La Junta.
b) Al Parlamento gallego, a propuesta de una quinta parte de sus miembros.
c) A las Cortes Generales.
d) Todas son ciertas.

10. La propuesta de reforma del Estatuto, requerirá:

a) La aprobación del Parlamento gallego por mayoría de dos tercios.
b) La aprobación de las Cortes Generales mediante Ley Orgánica.
c) El referéndum positivo de los electores.
d) Todas son ciertas.

11. Si la propuesta de reforma del Estatuto no es aprobada por el Parlamento gallego o por las Cortes Generales o no es confirmada mediante referéndum por el cuerpo electoral, ¿puede ser sometida nuevamente a debate y votación del Parlamento?

a) No.
b) No, hasta que haya transcurrido un año.
c) Sí.
d) Ninguna es cierta.

12. Corresponde a la Junta de Galicia:

a) Aprobar los reglamentos generales de sus propios tributos.
b) Elaborar las normas reglamentarias precisas para gestionar los impuestos estatales cedidos de acuerdo con los términos de dicha cesión.
c) Son correctas las respuestas a) y b).
d) Ninguna es correcta.

13. Corresponde a la Junta:

a) La elaboración y aplicación del presupuesto de la Comunidad Autónoma gallega.
b) Al Parlamento su examen, enmienda, aprobación y control.
c) Son correctas a) y b).
d) Ninguna es correcta.

14. Los poderes de la Comunidad Autónoma se ejercen a través de:

a) El Parlamento.
b) La Junta.
c) Su Presidente.
d) Todas son ciertas.

15. Son funciones del Parlamento de Galicia:

a) Ejercer la potestad legislativa de la Comunidad Autónoma.
b) Controlar la acción ejecutiva de la Junta, aprobar los presupuestos y ejercer las otras competencias que le sean atribuidas por la Constitución, por el Estatuto, por las leyes del Estado y las del Parlamento de Galicia.
c) Elegir de entre sus miembros al Presidente de la Junta de Galicia.
d) Todas son ciertas.

16. El Parlamento puede delegar la potestad legislativa en la Junta en los términos que establecen:

a) Los artículos 82, 83 y 84 de la Constitución para el supuesto de la delegación legislativa de las Cortes Generales al Gobierno, todo ello en el marco del Estatuto de Autonomía.
b) Los artículos 81, 82 y 83 de la Constitución para el supuesto de la delegación legislativa de las Cortes Generales al Gobierno, todo ello en el marco del Estatuto de Autonomía.

c) Los artículos 80, 81 y 82 de la Constitución para el supuesto de la delegación legislativa de las Cortes Generales al Gobierno, todo ello en el marco del Estatuto de Autonomía.

d) Los artículos 83, 84 y 85 de la Constitución para el supuesto de la delegación legislativa de las Cortes Generales al Gobierno, todo ello en el marco del Estatuto de Autonomía.

17. Indica qué norma establece la estructura orgánica de la Xunta de Galicia:

a) Decreto 227/2019, de 2 de enero.
b) Decreto 233/2018, de 5 de diciembre.
c) Decreto 234/2017, de 5 de noviembre.
d) Decreto 42/2024, de 14 de abril.

18. Designar para cada legislatura de las Cortes Generales a los senadores representantes de la Comunidad Autónoma Gallega, de acuerdo con lo previsto en el artículo 69.5 de la Constitución, le corresponde a:

a) Xunta de Galicia.
b) El Parlamento de Galicia.
c) Los partidos políticos.
d) Ninguna es cierta.

19. La designación de los senadores representantes de la Comunidad Autónoma Gallega para cada legislatura de las Cortes Generales, se hará de forma:

a) Progresiva a la representación de las distintas fuerzas políticas existentes en el Parlamento de Galicia.

b) Aritmética a la representación de las distintas fuerzas políticas existentes en el Parlamento de Galicia.

c) Proporcional a la representación de las distintas fuerzas políticas existentes en el Parlamento de Galicia.

d) Mayoritaria a la representación de las distintas fuerzas políticas existentes en el Parlamento de Galicia.

20. Exigir, en su caso, responsabilidad política a la Junta y a su Presidente, le corresponde:

a) Al Parlamento de Galicia.
b) Al Consejo de Cuentas.
c) Al Tribunal Económico-Administrativo.
d) Ninguna es cierta.

En MADTEST tienes **más preguntas de este tema**, y todos tus avances quedan registrados y se reflejan en el ranking.

¡Supera tus límites con MADTEST!

Solución al test n.º 2

1. d) Son correctas las respuestas a) y b).

2. d) Todas son correctas.

3. c) La Constitución, el Estatuto de Autonomía de Galicia y el pueblo.

4. d) Al Parlamento de Galicia.

5. d) Por el Rey, la propuesta del Consejo General del Poder Judicial.

6. b) En Plenos y en Comisiones, y se reunirá en sesiones ordinarias y extraordinarias.

7. c) El Presidente del Parlamento.

8. a) Derechos políticos.

9. d) Todas son ciertas.

10. d) Todas son ciertas.

11. b) No, hasta que haya transcurrido un año.

12. c) Son correctas las respuestas a) y b).

13. c) Son correctas a) y b).

14. d) Todas son ciertas.

15. d) Todas son ciertas.

16. a) Los artículos 82, 83 y 84 de la Constitución para el supuesto de la delegación legislativa de las Cortes Generales al Gobierno, todo ello en el marco del Estatuto de Autonomía.

17. d) Decreto 42/2024, de 14 de abril.

18. b) El Parlamento de Galicia.

19. c) Proporcional a la representación de las distintas fuerzas políticas existentes en el Parlamento de Galicia.

20. a) Al Parlamento de Galicia.

TEST N.º 3

**La Ley General de Sanidad: fundamentos y características.
Competencias de las Administraciones Públicas en relación con la salud.
Derechos y deberes de los usuarios del sistema sanitario público**

1. El derecho de todos los ciudadanos a la protección de la salud viene reconocido en el ámbito constitucional en:

a) Los artículos 43 y 44.
b) Los artículos 49 y 50.
c) El artículo 43 solamente.
d) Los artículos 43 y 49.

2. La Ley General de Sanidad establece que son titulares del derecho a la protección de la salud y a la atención sanitaria:

a) Todos los españoles y los extranjeros con residencia en el territorio nacional.
b) Todos los españoles y los mayores de 18 años.
c) Todos los españoles y cualquier extranjero.
d) Solamente los españoles.

3. La financiación de las necesidades sanitarias se efectuará a través de:

a) Las consignaciones en las partidas presupuestarias del Estado exclusivamente.
b) Las consignaciones en las partidas presupuestarias del Estado, Comunidades Autónomas, y Corporaciones Locales.
c) Las consignaciones en las partidas presupuestarias del Estado y Seguridad Social.
d) Las consignaciones en las partidas presupuestarias del Estado, Comunidades Autónomas, Corporaciones Locales y Seguridad Social.

4. La Ley General de Sanidad se aprobó en el siguiente año:

a) 1986.
b) 1987.

c) 1985.
d) 1984.

5. La Ley General de Sanidad efectúa la siguiente proclamación:

a) El personal podrá ser cambiado de puesto por necesidades imperativas de la organización sanitaria, dentro del Área de Salud.
b) El personal podrá ser trasladado a cualquier Centro sanitario de la Comunidad Autónoma correspondiente.
c) El personal de la Comunidad Autónoma correspondiente a cualquier Centro sanitario del Distrito de Atención Primaria.
d) El personal podrá ser cambiado de puesto por necesidades derivadas de la organización sanitaria dentro de cada provincia.

6. El reconocimiento del derecho al ejercicio libre de las profesiones sanitarias se establece en el siguiente artículo de la Constitución:

a) Artículo 35.
b) Artículo 36.
c) Artículos 35 y 36.
d) Artículos 34 y 35.

7. La Ley General de Sanidad consta del siguiente número de artículos:

a) 112.
b) 113.
c) 115.
d) 116.

8. La estructura del Sistema Sanitario Público, se regula en el siguiente título de la Ley General de Sanidad:

a) Título II.
b) Título VI.
c) Título IV.
d) Título III.

9. ¿Cuántas Disposiciones Transitorias tiene la Ley General de Sanidad?

a) 1.
b) 3.
c) 5.
d) 4.

10. ¿Cuál es el propósito básico, el objeto de la Ley 14/1986, de 25 de abril, General de Sanidad?

a) La regulación general de todas las acciones que permitan hacer efectivo el derecho a la protección de la salud.

b) El desarrollo de una acción global de prevención que implique a la colectividad, considerada como conjunto.

c) La puesta al día de las técnicas de intervención pública en los problemas de salud de la colectividad.

d) La cobertura de los riesgos sanitarios a través de una cuota vinculada al trabajo.

11. ¿Cuál de los siguientes términos no se corresponde con ninguno de los principios, que enumera la Ley General de Sanidad, a los que adecuarán su organización y funcionamiento los servicios sanitarios?

a) Economía.
b) Flexibilidad.
c) Celeridad.
d) Coordinación.

12. Conforme al Real Decreto 1418/1986, de 13 junio, no corresponde al Ministerio de Sanidad y Consumo (actualmente Ministerio de Sanidad), en materia de sanidad exterior:

a) Las relaciones con los organismos sanitarios y de consumo internacionales por mediación del Ministerio de Economía.

b) Adoptar las medidas necesarias para aplicar dentro del Estado los acuerdos sanitarios y de consumo internacionales en los que España sea parte.

c) Control y vigilancia higiénico-sanitaria de puertos y aeropuertos de tráfico internacional, así como de los puestos y de las terminales aduaneras TIR y TIF.

d) Control y vigilancia higiénico-sanitaria en el tráfico internacional de personas, cadáveres y restos humanos.

13. La competencia en la autorización de los medicamentos y de los productos sanitarios corresponde:

a) Al Ministerio de Sanidad.
b) A la Agencia Española de Medicamentos y Productos Sanitarios.
c) A la Dirección General de Medicamentos y Productos Sanitarios.
d) Al Gobierno, mediante Real Decreto.

14. Las Comunidades Autónomas ejercerán, en materia de sanidad, las competencias:

a) Asumidas en sus Estatutos, exclusivamente.

b) Asumidas en sus Estatutos y las decisiones y actuaciones públicas previstas en la LGS que se hayan reservado expresamente al Estado.

c) Asumidas en sus Estatutos.

d) Las mencionadas en c) y las transferidas, o en su caso, delegadas, por el Estado, así como las decisiones y actuaciones públicas previstas en la LGS que no se hayan reservado expresamente al Estado.

15. Las Corporaciones Locales participan en los órganos de dirección de:

a) Las zonas básicas de salud.
b) Los centros de atención especializada.
c) Las áreas de salud.
d) Los centros de atención comarcal.

16. Las principales características del modelo establecido por la LGS son:

a) Universalización de la atención, desconcentración, descentralización y atención primaria.

b) Universalización de la atención, coordinación y desconcentración, descentralización y atención primaria.

c) Universalización de la atención, accesibilidad y desconcentración, descentralización y atención primaria.

d) Universalización de la atención, accesibilidad y desconcentración, descentralización y atención primaria y especializada.

17. En relación con las Áreas de Salud, como mínimo deberá existir:

a) Dos áreas por provincia.
b) Un área por provincia.
c) Un área a nivel comarcal.
d) Un área por Comunidad Autónoma.

18. Las áreas de salud serán dirigidas por un órgano propio, donde deberán participar las Corporaciones Locales en ellas situadas con una representación:

a) No inferior al 40%, dentro de las directrices y programas generales sanitarios establecidos por el Ministerio de Sanidad.

b) No superior al 40%, dentro de las directrices y programas generales sanitarios establecidos por el Ministerio de Sanidad.

c) No superior al 40%, dentro de las directrices y programas generales sanitarios establecidos por la Comunidad Autónoma.

d) No inferior al 40%, dentro de las directrices y programas generales sanitarios establecidos por la Comunidad Autónoma.

19. Los órganos colegiados de participación comunitaria para la consulta y el seguimiento de la gestión, en los que participaran las organizaciones empresariales y sindicales, se denominan:

a) Consejos de Salud de Área.
b) Consejos de Dirección de Área.

c) Gerencia de Área.

d) Consejo de Participación del Área.

20. Con relación a los Consejos de Salud de Área no es cierto que:

a) Están constituidos por la representación de los ciudadanos a través de las Corporaciones Locales comprendidas en su demarcación, que supondrá el 50% de sus miembros y las organizaciones sindicales más representativas, en una proporción no inferior al 25%, a través de los profesionales sanitarios titulados.

b) Los Consejos de salud del área podrán crear órganos de participación de carácter general.

c) Entre sus competencias están las de verificar la adecuación de las actuaciones en el área de salud a las normas y directrices de la política sanitaria y económica.

d) Conocer e informar el anteproyecto del Plan de Salud del área y de sus adaptaciones anuales, forma parte de sus competencias.

En MADTEST tienes **más preguntas de este tema**, y todos tus avances quedan registrados y se reflejan en el ranking.

¡Supera tus límites con MADTEST!

Solución al test n.º 3

1. d) Los artículos 43 y 49.

2. a) Todos los españoles y los extranjeros con residencia en el territorio nacional.

3. d) Las consignaciones en las partidas presupuestarias del Estado, Comunidades Autónomas, Corporaciones Locales y Seguridad Social.

4. a) 1986.

5. a) El personal podrá ser cambiado de puesto por necesidades imperativas de la organización sanitaria, dentro del Área de Salud.

6. c) Artículos 35 y 36.

7. d) 116.

8. d) Título III.

9. c) 5.

10. a) La regulación general de todas las acciones que permitan hacer efectivo el derecho a la protección de la salud.

11. d) Coordinación.

12. a) Las relaciones con los organismos sanitarios y de consumo internacionales por mediación del Ministerio de Economía.

13. b) A la Agencia Española de Medicamentos y Productos Sanitarios.

14. d) Las mencionadas en c) y las transferidas, o en su caso, delegadas, por el Estado, así como las decisiones y actuaciones públicas previstas en la LGS que no se hayan reservado expresamente al Estado.

15. c) Las áreas de salud.

16. c) Universalización de la atención, accesibilidad y desconcentración, descentralización y atención primaria.

17. b) Un área por provincia.

18. d) No inferior al 40%, dentro de las directrices y programas generales sanitarios establecidos por la Comunidad Autónoma.

19. a) Consejos de Salud de Área.

20. b) Los Consejos de salud del área podrán crear órganos de participación de carácter general.

TEST N.º 4

La Ley de Salud de Galicia: el sistema público de salud de Galicia. Competencias sanitarias de las Administraciones Públicas de Galicia. El Servicio Gallego de Salud. Su estructura organizativa: disposiciones que la regulan

1. Según la Ley 8/2008, de 10 de julio, de Salud de Galicia, el órgano de la administración pública que tiene asignadas las competencias o funciones de ordenación, regulación, inspección, control o sanción en el ámbito sanitario o de la salud, se denomina:

a) Autoridad Sanitaria.
b) Servicio Sanitario.
c) Consejo de Dirección del SERGAS.
d) Ninguna es correcta.

2. ¿En virtud de qué Ley, hoy derogada, se creó el Servicio Gallego de Salud?

a) La Ley 14/1986, de 25 de abril.
b) La Ley 1/1989, de 2 de enero.
c) La Ley 3/2008, de 10 de junio.
d) La Ley 8/2008, de 10 de julio.

3. Según la Ley 8/2008, el nivel de atención Sanitaria que constituye el primer nivel de acceso ordinario de la población al Sistema Público de Salud de Galicia se denomina:

a) Atención Hospitalaria.
b) Atención Sociosanitaria.
c) Atención Primaria.
d) Atención a Urgencias y Emergencias.

4. ¿En qué Título de la Ley de Salud de Galicia se estudia el objeto y alcance de la Ley y la definición de los principales términos y conceptos que se utilizan a lo largo de ella?

a) Título primero.
b) Título tercero.

c) Título preliminar.
d) Título segundo.

5. Según recoge la Ley de Salud de Galicia, ¿a quién corresponde la aprobación de la Estrategia Gallega de Salud?

a) Al Consello de la Xunta.
b) A la Consejería competente en materia de Sanidad.
c) Al Consejo Gallego de Salud.
d) Al Parlamento de Galicia.

6. ¿En qué parte de la Ley de Salud de Galicia se estudian los derechos sanitarios de la ciudadanía?

a) Título primero. Capítulo primero.
b) Título segundo. Capítulo segundo.
c) Título primero. Capítulo segundo.
d) Título segundo. Capítulo primero.

7. El nombramiento y cese de los altos cargos de la Administración pública sanitaria de la Xunta de Galicia, corresponde:

a) Al Consejo de la Xunta de Galicia.
b) Al Servicio Gallego de Salud.
c) A la Consejería competente en materia de Sanidad.
d) Al Presidente de SERGAS.

8. Según la Ley de Salud de Galicia, la capacidad de responder a las necesidades presentes sin comprometer la posibilidad de responder a las necesidades futuras se denomina:

a) Sustentabilidad.
b) Proporcionalidad.
c) Recurso pandémico.
d) Cartera de servicios.

9. El Órgano superior, no colegiado, de consulta y asesoramiento de la Consellería competente en materia de Sanidad es:

a) El Foro de Participación Institucional de Sanidad.
b) El Consejo Gallego de Salud.
c) El Consejo de la Xunta de Galicia.
d) El Consejo Asesor del Sistema Público de Salud de Galicia.

10. ¿En qué Título de la Ley de Salud de Galicia se trata el Servicio Gallego de Salud?

a) Título tercero.
b) Título quinto.
c) Título séptimo.
d) Título sexto.

11. Según el Decreto 134/2019, de 10 de octubre, por el que se regulan las áreas sanitarias y los distritos sanitarios del Sistema público de salud de Galicia, ¿cuál es el órgano colegiado de dirección de la correspondiente área sanitaria?

a) Comisión de Dirección.
b) Comisión de Participación.
c) Consejo de Dirección.
d) Consejo de Participación.

12. El Sistema Público de Salud de Galicia es competencia:

a) Estatal, aunque la comunidad autónoma gallega las ejerce por delegación.
b) De la Comunidad Autónoma de Galicia, sin perjuicio de aquellas que corresponden al Estado debido a su integración en el Sistema Nacional de Salud.
c) Del Estado en exclusiva.
d) De la Comunidad Autónoma de Galicia en exclusiva.

13. Según el Decreto 134/2019, de 10 de octubre, por el que se regulan las áreas sanitarias y los distritos sanitarios del Sistema público de salud de Galicia, ¿a quién le corresponde realizar el seguimiento de la ejecución de los presupuestos asignados a cada centro de gasto?

a) Dirección del Distrito Sanitario.
b) Dirección Asistencial.
c) Dirección de Recursos Económicos.
d) Dirección de Recursos Humanos.

14. La división territorial del Sistema público de salud de Galicia se estructura en:

a) Áreas Asistenciales.
b) Áreas Sanitarias.
c) Distritos Sanitarios.
d) Provincias.

15. El Decreto 137/2019, de 10 de octubre, por el que se establece la Estructura Orgánica del Servicio Gallego de Salud, regula como Órgano de Administración del Servicio Gallego de Salud:

a) El Consejo de Dirección y Participación.
b) La Comisión de Dirección y Participación.

c) El Consejo de Dirección.
d) La Comisión de Dirección.

16. El Servicio Gallego de Salud es:

a) Un ente público de carácter institucional.
b) Un consorcio público con personalidad jurídica propia.
c) Una entidad pública empresarial.
d) Un organismo autónomo de naturaleza administrativa.

17. Según el Decreto 137/2019, de 10 de octubre, por el que se establece la Estructura Orgánica del Servicio Gallego de Salud, la Gerencia del SERGAS tiene rango de:

a) Servicio General.
b) Dirección General.
c) Subdirección General.
d) Secretaría General.

18. ¿Cómo se lleva a cabo el desarrollo territorial de la Estrategia gallega de salud?

a) Mediante los planes de salud de área.
b) A través del Plan de salud de Galicia.
c) Conforme a los procesos de evaluación continua de la calidad asistencial.
d) Al amparo de la ordenación del Sistema Público de Salud.

19. Según el Decreto 137/2019, de 10 de octubre, por el que se establece la Estructura Orgánica del Servicio Gallego de Salud. ¿Cuál de los siguientes no es un Órgano Colegiado dentro de los Órganos Centrales de Dirección?

a) Comité Ejecutivo.
b) Dirección General de Asistencia Sanitaria.
c) Consejo de Dirección.
d) Todos los anteriores son Órganos Colegiados.

20. ¿A quién le corresponde, según la Ley de Salud de Galicia, la aprobación de la estructura orgánica de la Consellería competente en materia de Sanidad y del Servicio Gallego de Salud?

a) Consellería competente en materia de sanidad
b) Al Presidente de la Xunta.
c) Al Consejo de la Xunta de Galicia.
d) Al Parlamento de Galicia.

En MADTEST tienes **más preguntas de este tema**, y todos tus avances quedan registrados y se reflejan en el ranking.

¡Supera tus límites con MADTEST!

Solución al test n.º 4

1. a) Autoridad Sanitaria.

2. b) La Ley 1/1989, de 2 de enero.

3. c) Atención Primaria.

4. c) Título preliminar.

5. a) Al Consello de la Xunta.

6. c) Título primero. Capítulo segundo.

7. a) Al Consejo de la Xunta de Galicia.

8. a) Sustentabilidad.

9. d) El Consejo Asesor del Sistema Público de Salud de Galicia.

10. d) Título sexto.

11. c) Consejo de Dirección.

12. b) De la Comunidad Autónoma de Galicia, sin perjuicio de aquellas que corresponden al Estado debido a su integración en el Sistema Nacional de Salud.

13. c) Dirección de Recursos Económicos.

14. b) Áreas Sanitarias.

15. c) El Consejo de Dirección.

16. d) Un organismo autónomo de naturaleza administrativa.

17. d) Secretaría General.

18. a) Mediante los planes de salud de área.

19. b) Dirección General de Asistencia Sanitaria.

20. c) Al Consejo de la Xunta de Galicia.

El Estatuto Marco del Personal Estatutario de los Servicios de Salud: clasificación del personal estatutario. Derechos y deberes. Retribuciones. Jornada de trabajo. Situaciones del personal estatutario. Régimen disciplinario. Incompatibilidades. Representación, participación y negociación colectiva

1. La Ley 55/2003 del Estatuto Marco de Personal Estatutario de los Servicios de Salud es aplicable:

a) Al personal estatutario de los servicios de salud.
b) Al personal sanitario excluyendo al personal de gestión y servicios.
c) Al personal funcionario de las Comunidades Autónomas.
d) Al personal funcionario del Estado.

2. El personal estatutario con nombramiento expedido para el ejercicio de una profesión o especialidad sanitaria se denomina:

a) Personal sanitario.
b) Otro personal.
c) Personal de mantenimiento.
d) Personal de gestión y servicios.

3. El personal estatutario con nombramiento expedido para el desempeño de funciones de gestión o para el desempeño de profesiones u oficios que no tengan carácter sanitario se denomina:

a) Personal universitario.
b) Personal de gestión y servicios.
c) Personal directivo.
d) Personal administrativo.

4. Según establece el art. 8 de la Ley 55/2003, de 16 de diciembre, del Estatuto Marco de los Servicios de Salud, es personal estatutario fijo:

a) El que una vez superado el correspondiente proceso selectivo, obtiene un nombramiento para el desempeño, con carácter permanente, de las funciones que de tal nombramiento se deriven.

b) Todo el personal al servicio de los Servicios de Salud.

c) El personal que realice una prestación de servicios determinados de naturaleza temporal, coyuntural o extraordinaria.

d) El personal en posesión de un contrato laboral indefinido.

5. Según el art. 5 del Estatuto Marco, el personal estatutario se clasifica atendiendo a: (señala la respuesta incorrecta):

a) La función desarrollada.

b) El nivel del título exigido para el ingreso.

c) El tipo de nombramiento.

d) El expediente laboral.

6. Conforme al artículo 9.1 del Estatuto Marco (en redacción dada por el Real Decreto-ley 12/2022, de 5 de julio, por el que se modifica la Ley 55/2003, de 16 de diciembre, del Estatuto Marco del personal estatutario de los servicios de salud) los nombramientos del Personal Estatutario Temporal de los Servicios de Salud serán:

a) Únicamente de Personal Estatutario Sanitario.

b) Personal Estatutario Contratado.

c) De Interinidad.

d) Como Personal Laboral.

7. Conforme al artículo 5 de la Ley 55/2003, de 16 de diciembre, el personal estatutario de los Servicios de Salud, se clasifica con diferentes criterios, atendiendo:

a) A la función desarrollada; al nivel del título exigido para su ingreso; y al tipo de contrato.

b) Al nivel del título exigido para su ingreso; y al tipo de nombramiento.

c) A su carácter de propietario, interino o eventual.

d) A la función desarrollada; al nivel del título exigido para su ingreso; y al tipo de nombramiento.

8. Conforme a lo dispuesto en el artículo 2.2 de la Ley 55/2003, de 16 de diciembre, del Estatuto Marco del personal estatutario de los servicios de salud, en lo no previsto en la misma serán aplicables al personal estatutario:

a) Las disposiciones y principios generales sobre función pública de la Administración correspondiente.

b) Las disposiciones de derecho laboral, dictadas al amparo del artículo 149.1.7º de la Constitución.

c) Las disposiciones sobre función pública de la Administración del Estado, en todo caso, conforme a lo dispuesto en el artículo 149.3 de la Constitución.

d) El convenio colectivo del personal laboral al servicio de la Administración correspondiente.

9. Conforme al artículo 6.2 de la Ley 55/2003, de 16 de diciembre, del Estatuto Marco del personal estatutario de los servicios de salud, atendiendo al nivel académico del título exigido para el ingreso, el personal estatutario sanitario de formación profesional se divide en:

a) Técnicos sanitarios y Auxiliares de Enfermería.
b) Técnicos superiores y Técnicos.
c) Técnicos superiores y Técnicos de gestión.
d) Técnicos especialistas y Técnicos.

10. Los excesos de jornada tendrán el carácter de jornada complementaria y un límite máximo de:

a) No hay límite máximo de horas.
b) 125 horas al año.
c) 135 horas al año.
d) 150 horas al año.

11. La Ley 55/2003 del Estatuto Marco de Personal Estatutario de los Servicios de Salud es de aplicación:

a) Al personal estatutario que integra las profesiones sanitarias.
b) Al personal estatutario que desempeña su función en los centros e instituciones sanitarias de los servicios de salud.
c) Al personal funcionario de los servicios de salud de las Comunidades Autónomas.
d) Al personal sanitario, excluyendo el personal de gestión y servicios.

12. El Estatuto Marco del Personal Estatutario de los Servicios de Salud está regulado por:

a) Una Ley orgánica.
b) Una Ley ordinaria.
c) Un Real Decreto.
d) Un Reglamento.

13. Según el Estatuto Marco, siempre que la duración de la jornada exceda de seis horas continuadas, deberá establecerse un periodo de descanso durante la misma de al menos:

a) 10 minutos.
b) 15 minutos.
c) 20 minutos.
d) 30 minutos.

14. Según el Estatuto Marco, se considera falta muy grave:

a) La falta de obediencia debida a los superiores.
b) El acoso sexual, cuando el sujeto activo del acoso cree con su conducta un entorno laboral intimidatorio, hostil o humillante para la persona que es objeto del mismo.

c) El incumplimiento del deber de respeto a la Constitución o al respectivo Estatuto de Autonomía en el ejercicio de sus funciones.

d) La aceptación de cualquier tipo de contraprestación por los servicios prestados a los usuarios de los Servicios de Salud.

15. El funcionario sancionado con la separación del servicio no podrá concurrir a las pruebas de selección para la obtención de la condición de personal estatutario fijo, ni prestar servicios como personal estatutario temporal, durante:

a) Los 6 años siguientes.
b) Los 5 años siguientes.
c) Los 10 años siguientes.
d) La separación del servicio es definitiva.

16. Cuando la suspensión de funciones se imponga por falta muy grave, no podrá superar:

a) Los seis años.
b) Los diez años.
c) Los doce años.
d) Los quince años.

17. Las faltas graves prescribirán:

a) Al año.
b) A los dos años.
c) A los tres años.
d) A los cuatro años.

18. Las sanciones impuestas por faltas leves prescribirán:

a) Al mes.
b) A los tres meses.
c) A los seis meses.
d) Al año.

19. Las sanciones disciplinarias firmes que se impongan al personal estatutario se anotarán en su expediente personal. Las anotaciones por sanciones impuestas por faltas leves se cancelarán de oficio, desde el cumplimiento de la sanción, a:

a) Los 3 meses.
b) Los 6 meses.
c) El año.
d) Los 2 años.

20. Es una retribución básica del personal estatutario:

a) El complemento de destino.
b) El complemento de carrera.
c) Las pagas extraordinarias.
d) El complemento de productividad.

En MADTEST tienes **más preguntas de este tema**, y todos tus avances quedan registrados y se reflejan en el ranking.

¡Supera tus límites con MADTEST!

Solución al test n.º 5

1. a) Al personal estatutario de los servicios de salud.

2. a) Personal sanitario.

3. b) Personal de gestión y servicios.

4. a) El que una vez superado el correspondiente proceso selectivo, obtiene un nombramiento para el desempeño, con carácter permanente, de las funciones que de tal nombramiento se deriven.

5. d) El expediente laboral.

6. c) De Interinidad.

7. d) A la función desarrollada; al nivel del título exigido para su ingreso; y al tipo de nombramiento.

8. a) Las disposiciones y principios generales sobre función pública de la Administración correspondiente.

9. b) Técnicos superiores y Técnicos.

10. d) 150 horas al año.

11. b) Al personal estatutario que desempeña su función en los centros e instituciones sanitarias de los servicios de salud.

12. b) Una Ley ordinaria.

13. b) 15 minutos.

14. c) El incumplimiento del deber de respeto a la Constitución o al respectivo Estatuto de Autonomía en el ejercicio de sus funciones.

15. a) Los 6 años siguientes.

16. a) Los seis años.

17. b) A los dos años.

18. c) A los seis meses.

19. b) Los 6 meses.

20. c) Las pagas extraordinarias.

El personal estatutario del Servicio Gallego de Salud: régimen de provisión y selección de plazas

1. Conforme a lo dispuesto en el Estatuto Marco, ¿cuál de los siguientes no es un principio básico rector de la provisión de plazas del personal estatutario?

a) El principio de planificación eficiente de las necesidades de recursos.
b) El principio de estabilidad del personal en el conjunto del Sistema Nacional de Salud.
c) El principio de integración en el régimen organizativo y funcional del Servicio de Salud y de sus Instituciones y Centros.
d) El principio de capacidad.

2. Según establece la Ley de Salud de Galicia, la provisión de puestos de trabajo en el Sistema Público de Salud de Galicia se realizará a través de los procedimientos de:

a) Oposición y Concurso-Oposición.
b) Selección, promoción interna, movilidad, reingreso al servicio activo y libre designación.
c) Selección, promoción interna y movilidad.
d) Selección, promoción interna, movilidad y reingreso al servicio activo.

3. Conforme al Decreto 206/2005, de provisión de plazas de personal estatutario del SERGAS, ¿con qué periodicidad elaborará el Servicio Gallego de Salud un plan de provisión de plazas destinado a programar las pruebas de acceso del nuevo personal y los procesos de promoción interna y movilidad voluntaria del personal estatutario fijo?

a) Anualmente.
b) Preferentemente cada dos años.
c) Cada cinco años.
d) Cada seis años.

4. En cuanto a la selección de personal temporal en la Comunidad Autónoma de Galicia, el período de prueba en el caso de personal de formación universitaria, tanto personal estatutario sanitario, como de gestión y servicios no podrá superar el trabajo efectivo durante:

a) 1 mes.
b) 15 días.
c) 2 meses.
d) 3 meses.

5. El Estatuto Marco, Ley 55/2003, establece en cuanto a la selección de personal estatutario fijo, que las convocatorias y sus bases vinculan a:

a) La Administración.
b) Los Tribunales encargados de juzgar las pruebas.
c) Quienes participen en las pruebas.
d) Todos los anteriores.

6. En virtud de la Ley 2/2015, de 29 de abril, del Empleo Público de Galicia. ¿Qué porcentaje, del total de plazas convocadas para el Servicio Gallego de Salud, se reservará para ser cubiertas entre personas con discapacidad de grado igual o superior al 33 por ciento?

a) Un mínimo de un 2 %.
b) Un mínimo de un 3 %.
c) Un mínimo de un 4 %.
d) Un mínimo de un 7 %.

7. Como norma general, la gestión de los llamamientos de los aspirantes será llevada a cabo por:

a) Las direcciones de recursos humanos de las gerencias de gestión integrada.
b) Las direcciones de recursos económicos de las gerencias de gestión integrada.
c) Las gerencias de gestión integrada.
d) Las Direcciones Provinciales.

8. Según lo establecido en el Decreto 206/2005, de 22 de julio, de provisión de plazas de personal estatutario del Servicio Gallego de Salud, en el procedimiento de concurso-oposición, los empates se resolverán a favor de:

a) El que obtuviese mayor puntuación en la fase de concurso.
b) El que obtuviese mayor puntuación en la fase de oposición.
c) El que obtuviese mayor puntuación en formación.
d) No hay criterios de desempate en ese procedimiento.

9. Una vez finalizado el proceso selectivo, y resuelta la relación de aspirantes, ¿qué plazo se podrá habilitar para que estos presenten la documentación que acredite el cumplimiento de los requisitos exigidos en la convocatoria?

a) Siete días.
b) Diez días.
c) Quince días.
d) Un mes.

10. ¿Qué plazo tienen, aquellos miembros del personal estatutario fijo que participen en un concurso de traslado, y ganen una plaza en distinta área de salud, dentro del SERGAS, para la toma de posesión de esa nueva plaza?

a) Quince días hábiles siguientes a aquel en que se publique la resolución definitiva.
b) Quince días hábiles siguientes al del cese.

c) Quince días naturales siguientes a aquel en que se publique la resolución definitiva.

d) Quince días naturales siguientes al del cese.

11. ¿Qué plazo tienen aquellos miembros del personal estatutario fijo que participen en un concurso de traslado, y ganen una plaza de la misma área de salud que la que venían desempeñando, para la toma de posesión de esa nueva plaza?

a) Dos días hábiles siguientes a aquel en que se publique la resolución definitiva.

b) Dos días hábiles siguientes al del cese.

c) Dos días naturales siguientes a aquel en que se publique la resolución definitiva.

d) Dos días naturales siguientes al del cese.

12. El Estatuto Marco, Ley 55/2003, establece que para poder participar en los procesos selectivos de Personal Estatutario Fijo será necesario tener cumplidos:

a) 16 años.

b) 17 años.

c) 18 años.

d) 19 años.

13. La Ley de Salud de Galicia establece que la oferta de empleo público del Sistema Público de Salud de Galicia tendrá una periodicidad de:

a) Por lo menos bianual.

b) Bianual.

c) Anual.

d) Por lo menos anual.

14. Conforme al Decreto 206/2005, ¿qué procedimiento se utilizará para la provisión de los puestos de jefatura de servicio de las áreas de gestión y servicios?

a) Concurso de méritos.

b) Oposición libre.

c) Libre designación.

d) Concurso-oposición.

15. ¿Qué plazo tienen aquellos miembros del personal estatutario fijo que participen en un concurso de traslado, y ganen una plaza correspondiente a otro Servicio de Salud, para la toma de posesión de esa nueva plaza?

a) Quince días hábiles siguientes a aquel en que se publique la resolución definitiva.

b) Quince días hábiles siguientes al del cese.

c) Un mes siguiente a aquel en que se publique la resolución definitiva.

d) Un mes siguiente al del cese.

16. Conforme al Decreto 206/2005, en tanto no se proceda a la resolución de las convocatorias para cubrir puestos de la organización directiva del Servicio Gallego de Salud, dichos puestos directivos, ¿podrán ser cubiertos mediante nombramiento provisional?

a) No, en ningún caso.

b) Sí, por un plazo máximo de tres meses.

c) Sí, por un plazo máximo de seis meses.

d) Sí, por un plazo máximo de un año.

17. El Estatuto Marco dispone que la selección del personal estatutario temporal se efectuará a través de procedimientos que permitan la máxima agilidad en la selección, que se basarán en los principios de:

a) Igualdad, mérito, capacidad.

b) Competencia.

c) Publicidad.

d) Todos son correctos.

18. El Estatuto Marco, Ley 55/2003, establece que la Selección de Personal estatutario fijo se efectuará con carácter general por el sistema de:

a) Oposición.

b) Concurso.

c) Concurso-oposición.

d) Indistintamente por cualquiera de los sistemas mencionados.

19. Atendiendo a lo establecido en el Decreto 206/2005, de 22 de julio, de provisión de plazas de personal estatutario del Servicio Gallego de Salud, los puestos de supervisor de área y coordinadores de atención primaria, se proveerán a través de:

a) Sistema de evaluación colegiada, si requieren dedicación exclusiva.

b) Sistema de libre designación.

c) Concurso de méritos.

d) Concurso-oposición.

20. ¿Qué requisitos establece el Estatuto Marco para poder participar en los procesos de selección de personal estatutario fijo?

a) Poseer la nacionalidad española o la de un Estado miembro de la Unión Europea o del Espacio Económico Europeo, u ostentar el derecho a la libre circulación de trabajadores conforme al Tratado de la Unión Europea o a otros Tratados ratificados por España, o tener reconocido tal derecho por norma legal.

b) Estar en posesión de la titulación exigida en la convocatoria o en condiciones de obtenerla dentro del plazo de presentación de solicitudes.

c) Poseer la capacidad funcional necesaria para el desempeño de las funciones que se deriven del correspondiente nombramiento.

d) Todos los anteriores son requisitos.

En MADTEST tienes **más preguntas de este tema**, y todos tus avances quedan registrados y se reflejan en el ranking.

¡Supera tus límites con MADTEST!

Solución al test n.º 6

1. b) El principio de estabilidad del personal en el conjunto del Sistema Nacional de Salud.

2. b) Selección, promoción interna, movilidad, reingreso al servicio activo y libre designación.

3. b) Preferentemente cada dos años.

4. d) 3 meses.

5. d) Vinculan a todos los anteriores.

6. d) Un mínimo de un 7 %.

7. a) Las direcciones de recursos humanos de las gerencias de gestión integrada.

8. b) El que obtuviese mayor puntuación en la fase de oposición.

9. b) Diez días.

10. b) Quince días hábiles siguientes al del cese.

11. b) Dos días hábiles siguientes al del cese.

12. c) 18 años.

13. a) Por lo menos bianual.

14. c) Libre designación.

15. d) Un mes siguiente al del cese.

16. b) Sí, por un plazo máximo de tres meses.

17. d) Todos son correctos.

18. c) Concurso oposición.

19. b) El que obtuviese mayor puntuación en la fase de oposición.

20. d) Todos los anteriores son requisitos.

**Normativa vigente sobre protección de datos personales
y garantía de los derechos digitales: disposiciones generales;
principios de protección de datos; derechos de las personas.
La ley Gallega 3/2001, de 28 de mayo, reguladora del
consentimiento informado y de la historia clínica de los pacientes**

1. Según el artículo 18.3 de la Constitución Española, se garantiza el secreto de las comunicaciones y, en especial, de las postales, telegráficas y telefónicas:

a) Siempre.
b) Salvo resolución judicial.
c) Excepto en los casos que establezcan las leyes.
d) Salvo consentimiento del interesado.

2. Cuando los plazos se señalen por días en el RGPD o en la LO 3/2018, se entiende que estos:

a) Son naturales.
b) Son hábiles, de lunes a sábado; excluyéndose del cómputo los domingos y los declarados festivos.
c) Son naturales; excluyéndose del cómputo los declarados festivos.
d) Son hábiles, excluyéndose del cómputo los sábados, los domingos y los declarados festivos.

3. El RGPD considera "destinatario":

a) A la persona física o jurídica, autoridad pública, servicio u otro organismo al que se comuniquen datos personales, siempre que se trate de un tercero.
b) A la persona física o jurídica, autoridad pública, servicio u otro organismo al que se comuniquen datos personales, se trate o no de un tercero.
c) A la autoridad pública que pueda recibir datos personales en el marco de una investigación concreta de conformidad con el Derecho de la Unión o de los Estados miembros.

d) A la persona física o jurídica, autoridad pública, servicio u organismo distinto del interesado, del responsable del tratamiento, del encargado del tratamiento y de las personas autorizadas para tratar los datos personales bajo la autoridad directa del responsable o del encargado.

4. El RGPD denomina a la autoridad pública independiente establecida por un Estado miembro:

a) Agencia Nacional de Protección de Datos.
b) Representante.
c) Autoridad de control.
d) Autoridad de referencia.

5. ¿Cómo denomina el RGPD el tratamiento de datos personales de manera tal que ya no puedan atribuirse a un interesado sin utilizar información adicional, siempre que dicha información adicional figure por separado y esté sujeta a medidas técnicas y organizativas destinadas a garantizar que los datos personales no se atribuyan a una persona física identificada o identificable?

a) Seudonimización.
b) Anonimización.
c) Generalización.
d) Encriptación.

6. Conforme al artículo 3 de la LO 3/2018, las personas vinculadas al fallecido por razones familiares o de hecho así como sus herederos:

a) No podrán dirigirse al responsable o encargado del tratamiento para solicitar el acceso a los datos personales de aquella, si no es por vía judicial.
b) Solo podrán dirigirse al encargado del tratamiento, siempre que sea con objeto de rectificar datos manifiestamente falsos.
c) Podrán dirigirse al responsable o encargado del tratamiento siempre que sea con objeto de solicitar la supresión de los datos personales de aquella sin posibilidad de acceder a ellos.
d) Podrán dirigirse al responsable o encargado del tratamiento al objeto de solicitar el acceso a los datos personales de aquella y, en su caso, su rectificación o supresión.

7. Las Administraciones Públicas incorporarán a los temarios de las pruebas de acceso a los cuerpos superiores y a aquellos en que habitualmente se desempeñen funciones que impliquen el acceso a datos personales materias relacionadas con la garantía de los derechos digitales y en particular:

a) El de protección de datos.
b) El de libertad de expresión.
c) El de protección de los menores.
d) El de seguridad de las comunicaciones.

8. Toda persona cuya identidad pueda determinarse, directa o indirectamente, en particular mediante un identificador, como por ejemplo un nombre, un número de identificación, datos de localización, un identificador en línea o uno o varios elementos propios de la identidad física, fisiológica, genética, psíquica, económica, cultural o social de dicha persona, se considerará persona física:

a) Identificable.
b) Fichada.
c) Legal.
d) Tratable.

9. Los datos personales serán tratados de tal manera que se garantice una seguridad adecuada de los mismos, incluida la protección contra el tratamiento no autorizado o ilícito y contra su pérdida, destrucción o daño accidental, mediante la aplicación de medidas técnicas u organizativas apropiadas; todo ello en virtud del principio de:

a) Responsabilidad proactiva.
b) Integridad y confidencialidad.
c) Limitación de la finalidad.
d) Licitud, lealtad y transparencia.

10. Conforme al principio de limitación de la finalidad, los datos personales serán recogidos con fines determinados, explícitos y:

a) Limitados.
b) Transparentes.
c) Compatibles.
d) Legítimos.

11. En virtud de qué principio previsto por el Reglamento General de Protección de Datos, los datos personales serán adecuados, pertinentes y limitados a lo necesario en relación con los fines para los que son tratados:

a) Principio de exactitud.
b) Principio de limitación de la finalidad.
c) Principio de responsabilidad proactiva.
d) Principio de minimización de datos.

12. En relación al consentimiento, el Reglamento General de Protección de Datos dispone que:

a) El consentimiento puede deducirse del silencio o de la inacción de los ciudadanos.
b) Se permite el llamado consentimiento tácito.

c) No es admisible el consentimiento del interesado dado en el contexto de una declaración escrita que también se refiera a otros asuntos.

d) Quienes recopilen datos personales deben ser capaces de demostrar que el afectado les otorgó su consentimiento.

13. Como la consecuencia del derecho que tienen los ciudadanos a solicitar, y obtener de los responsables, que los datos personales sean suprimidos cuando, entre otros casos, estos ya no sean necesarios para la finalidad con la que fueron recogidos, cuando se haya retirado el consentimiento o cuando estos se hayan recogido de forma ilícita, el Reglamento General de Protección de Datos propugna el derecho:

a) Al olvido.
b) De oposición.
c) De rectificación.
d) Al borrado.

14. Según el Reglamento General de Protección de Datos, cuando los datos personales no se hayan obtenido del interesado, el responsable del tratamiento le facilitará, entre otras informaciones, los fines del tratamiento a que se destinan los datos personales, así como la base jurídica del tratamiento. El responsable del tratamiento facilitará la información dentro de un plazo razonable, una vez obtenidos los datos personales, y a más tardar dentro de:

a) 10 días hábiles.
b) 20 días.
c) 1 mes.
d) 3 meses.

15. Según el Reglamento (UE) 2016/679, de 27 de abril, relativo a la protección de las personas físicas en lo que respecta al tratamiento de datos personales y a la libre circulación de estos datos, para poder considerar que el consentimiento del interesado para el tratamiento de sus datos personales es inequívoco:

a) Se requerirá declaración jurada del interesado donde manifieste su conformidad.
b) Se precisa contrato de cesión de datos personales.
c) Deberá existir una declaración del interesado o una acción positiva que manifieste su conformidad.
d) Bastará con el consentimiento por silencio, casillas ya marcadas o inacción.

16. El tratamiento de datos personales solo podrá considerarse fundado en el cumplimiento de una misión realizada en interés público o en el ejercicio de poderes públicos conferidos al responsable cuando derive de una competencia atribuida por:

a) Una norma con rango de ley.
b) El Reglamento General de Protección de Datos.

c) La Ley Orgánica 3/2018, de 5 de diciembre, de Protección de Datos Personales y garantía de los derechos digitales.

d) Un Reglamento.

17. Conforme al artículo 9 de la LO 3/2018, de 5 de diciembre, de Protección de Datos Personales y garantía de los derechos digitales, cuál de los siguientes tratamientos de datos fundados en el Derecho español deberá estar amparado en una norma con rango de ley:

a) Tratamiento necesario con fines de archivo en interés público, fines de investigación científica o histórica.

b) Tratamiento efectuado, en el ámbito de sus actividades legítimas y con las debidas garantías, por una fundación, una asociación o cualquier otro organismo sin ánimo de lucro, cuya finalidad sea política, filosófica, religiosa o sindical, siempre que el tratamiento se refiera exclusivamente a los miembros actuales o antiguos de tales organismos o a personas que mantengan contactos regulares con ellos en relación con sus fines y siempre que los datos personales no se comuniquen fuera de ellos sin el consentimiento de los interesados.

c) Tratamiento necesario para fines de medicina preventiva o laboral, evaluación de la capacidad laboral del trabajador, diagnóstico médico, prestación de asistencia o tratamiento de tipo sanitario o social, o gestión de los sistemas y servicios de asistencia sanitaria y social.

d) Tratamiento referido a datos personales que el interesado ha hecho manifiestamente públicos.

18. Conforme al RGPD, el interesado tendrá derecho a obtener del responsable del tratamiento la limitación del tratamiento de los datos cuando el responsable ya no necesite los datos personales para los fines del tratamiento, pero el interesado los necesite para:

a) La formulación, el ejercicio o la defensa de reclamaciones.

b) Verificar la exactitud de los mismos

c) Incorporarlos a sus archivos personales.

d) Proceder él mismo a su destrucción.

19. El derecho a la portabilidad de los datos:

a) Se podrá aplicar a los tratamientos que sean necesario para el cumplimiento de una misión realizada en interés público o en el ejercicio de poderes públicos conferidos al responsable del tratamiento.

b) A diferencia de otros derechos, podrá afectar negativamente a los derechos y libertades de otros.

c) Supone la obligación de que, en todo caso, los datos personales se transmitan directamente de responsable a responsable.

d) Requiere que el tratamiento se efectúe por medios automatizados.

20. Cuando las solicitudes de ejercicio de los derechos de un interesado en un tratamiento de datos de carácter personal sean manifiestamente infundadas o excesivas, especialmente debido a su carácter repetitivo, el responsable del tratamiento podrá cobrar un canon razonable en función de los costes administrativos afrontados para facilitar la información o la comunicación o realizar la actuación solicitada. A menos que exista causa legítima para ello, se podrá considerar repetitivo el ejercicio del derecho de acceso en más de una ocasión durante el plazo de (a partir de):

a) 3 meses.
b) 6 meses.
c) 10 meses.
d) 1 año.

En MADTEST tienes **más preguntas de este tema**, y todos tus avances quedan registrados y se reflejan en el ranking.

¡Supera tus límites con MADTEST!

Solución al test n.º 7

1. b) Salvo resolución judicial.

2. d) Son hábiles, excluyéndose del cómputo los sábados, los domingos y los declarados festivos.

3. b) A la persona física o jurídica, autoridad pública, servicio u otro organismo al que se comuniquen datos personales, se trate o no de un tercero.

4. c) Autoridad de control.

5. a) Seudonimización.

6. d) Podrán dirigirse al responsable o encargado del tratamiento al objeto de solicitar el acceso a los datos personales de aquella y, en su caso, su rectificación o supresión.

7. a) El de protección de datos.

8. a) Identificable.

9. b) Integridad y confidencialidad.

10. d) Legítimos.

11. d) Principio de minimización de datos.

12. d) Quienes recopilen datos personales deben ser capaces de demostrar que el afectado les otorgó su consentimiento.

13. a) Al olvido.

14. c) 1 mes.

15. c) Deberá existir una declaración del interesado o una acción positiva que manifieste su conformidad.

16. a) Una norma con rango de ley.

17. c) Tratamiento necesario para fines de medicina preventiva o laboral, evaluación de la capacidad laboral del trabajador, diagnóstico médico, prestación de asistencia o tratamiento de tipo sanitario o social, o gestión de los sistemas y servicios de asistencia sanitaria y social.

18. a) La formulación, el ejercicio o la defensa de reclamaciones.

19. d) Requiere que el tratamiento se efectúe por medios automatizados.

20. b) 6 meses.

La Ley 31/1995, de 8 de noviembre, de Prevención de Riesgos Laborales: capítulos I, II, III y V. Principales riesgos y medidas de prevención en las IISS. Ley Orgánica 1/2004, de 28 de diciembre, de Medidas de Protección Integral contra la Violencia de Género. Ley 11/2007, de 27 de julio, gallega para la prevención y el tratamiento integral de la violencia de género. Legislación sobre igualdad de mujeres y hombres: su aplicación en los distintos ámbitos de la función pública

1. Señala la respuesta incorrecta:

a) La Ley de Prevención de Riesgos Laborales se aplica a los operativos de Seguridad civil en casos de catástrofe.

b) La Ley de Prevención de Riesgos Laborales se aplica a las sociedades cooperativas.

c) En el ámbito de la relación laboral de carácter especial del servicio del hogar familiar, las personas trabajadoras tienen derecho a una protección eficaz en materia de seguridad y salud en el trabajo.

d) En los establecimientos penitenciarios, se adaptarán a la Ley de Prevención de Riesgos Laborales aquellas actividades cuyas características justifiquen una regulación especial.

2. ¿Cuál es la vigente Ley de Prevención de Riesgos Laborales?

a) Ley 32/1995, de 8 de noviembre.

b) Ley 30/1996, de 8 de noviembre.

c) Ley 31/1995, de 6 de noviembre.

d) Ley 31/1995, de 8 de noviembre

3. El órgano científico técnico especializado de la Administración General del Estado que tiene como misión el análisis y estudio de las condiciones de seguridad y salud en el trabajo, así como la promoción y apoyo a la mejora de las mismas, es:

a) El Instituto Nacional de Seguridad y Salud en el Trabajo.

b) La Comisión Nacional de Seguridad y Salud en el Trabajo.

c) El Instituto Carlos III.
d) El Centro Nacional de Promoción y Cuidados de la Salud.

4. La Presidencia de la Comisión Nacional de Seguridad y Salud en el Trabajo, corresponde a:

a) El titular del Ministerio competente en materia de Sanidad.
b) El titular del Ministerio competente en materia de Empleo.
c) El Secretario de Estado de Trabajo.
d) El Director del Instituto Nacional de Seguridad y Salud en el Trabajo.

5. ¿Qué se entiende por "riesgo laboral"?

a) La posibilidad de que un trabajador sufra un determinado daño derivado del trabajo.
b) La posibilidad de que un trabajador sufra una enfermedad en el trabajo.
c) La posibilidad de que un trabajador sufra acoso.
d) El riesgo que supone el ir a trabajar.

6. Según establece la Ley 31/1995 de Prevención de Riesgos Laborales, ¿a qué órgano le corresponde la función de vigilancia y control de la normativa de prevención de riesgos laborales?

a) Al Instituto Nacional de Seguridad y Salud en el Trabajo.
b) A la Inspección de Trabajo y Seguridad Social.
c) Al Servicio de Salud.
d) A la Comisión Nacional de Seguridad y Salud del Trabajo.

7. Según establece el art. 4 de la Ley 31/1995, de 8 de noviembre, de Prevención de Riesgos Laborales, se define como daños derivados del trabajo:

a) La posibilidad de que un trabajador sufra un determinado daño derivado del trabajo.
b) El que resulte probable racionalmente que se materialice en un futuro inmediato y pueda suponer y pueda suponer un daño grave para la salud de los trabajadores.
c) Las enfermedades, patologías o lesiones sufridas con motivo u ocasión del trabajo.
d) Cualquier máquina, aparato, instrumento o instalación utilizada en el trabajo.

8. Los instrumentos esenciales para la gestión y aplicación del Plan de prevención de riesgos laborales son:

a) La evaluación de riesgos y la planificación de la actividad preventiva.
b) La evaluación inicial de riesgos y la formación.
c) La planificación y la gestión de la actividad preventiva.
d) La identificación y la evaluación de los riesgos.

9. Las normas reglamentarias en materia de Prevención las dicta:

a) El Gobierno, a través de las correspondientes normas reglamentarias y previa consulta a las organizaciones sindicales y empresariales más representativas.
b) Los Delegados de Prevención.
c) Los Delegados de Prevención y el Empresario.
d) El Empresario.

10. La Comisión Nacional de Seguridad y Salud en el Trabajo, está compuesta por:

a) Representantes de las organizaciones sindicales y empresariales.
b) Un representante de cada una de las Comunidades Autónomas y representantes de las organizaciones sindicales y empresariales.
c) Representantes de la Administración y representantes de las organizaciones sindicales y empresariales.
d) Un representante de cada una de las Comunidades Autónomas y por igual número de miembros de la Administración General del Estado y, paritariamente con todos los anteriores, por representantes de las organizaciones empresariales y sindicales más representativas.

11. ¿Cuándo se deben utilizar los equipos de protección individual?

a) Siempre.
b) Cuando los riesgos no hayan sido evaluados.
c) Cuando los riesgos no se puedan evitar o no puedan limitarse.
d) Cuando el trabajador lo estime oportuno.

12. La Ley de Prevención de Riesgos laborales, tiene por objeto:

a) Prevenir los accidentes en general.
b) Evitar riesgos en el recorrido al puesto de trabajo.
c) Promover la seguridad y la salud de los trabajadores.
d) Que cada vez haya menos accidentes de tráfico.

13. Según la Ley de Prevención de Riesgos Laborales, se constituirá un Comité de Seguridad y Salud en todas las empresas o centros de trabajo que cuenten con:

a) 30 o más trabajadores.
b) 50 o más trabajadores.
c) 75 o más trabajadores.
d) 100 o más trabajadores.

14. La regulación de los requisitos mínimos que deben reunir las condiciones de trabajo para la protección de la seguridad y la salud de los trabajadores, corresponde a:

a) Las Cortes Generales.
b) El Gobierno de la nación, previa consulta a las organizaciones sindicales y empresariales más representativas.

c) El Consejo de Gobierno de cada Comunidad Autónoma; por delegación del Consejo de Ministros.

d) Los Convenios Colectivos.

15. El proceso dirigido a estimar la magnitud de aquellos riesgos que no hayan podido evitarse, obteniendo la información necesaria para que el empresario esté en condiciones de tomar una decisión apropiada sobre la necesidad de adoptar medidas preventivas y, en tal caso, sobre el tipo de medidas que deben adoptarse, se llama:

a) Adaptación del puesto de trabajo.
b) Evaluación de los riesgos laborales.
c) Plan de prevención de riesgos laborales.
d) Señalización de seguridad y salud en el trabajo.

16. La función de vigilancia y control de la normativa sobre prevención de riesgos laborales corresponde:

a) A la Dirección General de Personal y Desarrollo Profesional.
b) A la Delegación Provincial de Trabajo.
c) A la Inspección de Trabajo y Seguridad Social.
d) Al Servicio de Medicina Preventiva.

17. Entre los principios de la acción preventiva recogidos por el artículo 15 de la Ley de Prevención de Riesgos Laborales, no figura:

a) Evitar los riesgos.
b) Evaluar los riesgos que se puedan evitar.
c) Tener en cuenta la evolución de la técnica.
d) Dar las debidas instrucciones a los trabajadores.

18. La Prevención de Riesgos Laborales deberá integrarse en el sistema general de gestión de la empresa a través de:

a) La política preventiva.
b) El plan de prevención.
c) El consenso de las partes.
d) El poder de decisión del empresario.

19. ¿Cuál de los siguientes principios generales de la acción preventiva a aplicar en el trabajo, contenidos en la Ley de Prevención de Riesgos Laborales, es incorrecto?

a) Evaluar los riesgos que no se pueden evitar.
b) Priorizar medidas individuales a las colectivas.
c) Combatir los riesgos en su origen.
d) Tener en cuenta la evolución de la técnica.

20. El Plan de prevención de riesgos laborales debe ser aprobado por:

a) La dirección de la empresa.
b) La autoridad sanitaria.
c) Los representantes de los trabajadores.
d) Todos los trabajadores.

En MADTEST tienes **más preguntas de este tema**, y todos tus avances quedan registrados y se reflejan en el ranking.

¡Supera tus límites con MADTEST!

Solución al test n.º 8

1. a) La Ley de Prevención de Riesgos Laborales se aplica a los operativos de Seguridad civil en casos de catástrofe.

2. d) Ley 31/1995, de 8 de noviembre.

3. a) El Instituto Nacional de Seguridad y Salud en el Trabajo.

4. c) El Secretario de Estado de Trabajo.

5. a) La posibilidad de que un trabajador sufra un determinado daño derivado del trabajo.

6. b) A la Inspección de Trabajo y Seguridad Social.

7. c) Las enfermedades, patologías o lesiones sufridas con motivo u ocasión del trabajo.

8. a) La evaluación de riesgos y la planificación de la actividad preventiva.

9. a) El Gobierno, a través de las correspondientes normas reglamentarias y previa consulta a las organizaciones sindicales y empresariales más representativas.

10. d) Un representante de cada una de las Comunidades Autónomas y por igual número de miembros de la Administración General del Estado y, paritariamente con todos los anteriores, por representantes de las organizaciones empresariales y sindicales más representativas.

11. c) Cuando los riesgos no se puedan evitar o no puedan limitarse.

12. c) Promover la seguridad y la salud de los trabajadores.

13. b) 50 o más trabajadores.

14. b) El Gobierno de la nación, previa consulta a las organizaciones sindicales y empresariales más representativas.

15. b) Evaluación de los riesgos laborales.

16. c) A la Inspección de Trabajo y Seguridad Social.

17. b) Evaluar los riesgos que se puedan evitar.

18. b) El plan de prevención.

19. b) Priorizar medidas individuales a las colectivas.

20. a) La dirección de la empresa.

TEST

TEST N.º 1

El personal subalterno: funciones del/de la celador/a. Funciones de vigilancia. Apertura y cierre de las instalaciones. Control de acceso, identificación, información, atención y recepción a los/las usuarios/as

1. Según el Estatuto de personal no sanitario, la vigilancia de los exteriores de la institución durante el día es función de:

a) Celadores.
b) Personal de seguridad.
c) Guardas jurados.
d) Jardineros.

2. ¿A cuál de las siguientes categorías, dentro del personal de oficio, corresponde el mantenimiento de la carpintería metálica de las instalaciones sanitarias según el Estatuto de personal no sanitario al servicio de las instituciones sanitarias de la seguridad social?

a) Albañil.
b) Carpintero.
c) Mecánico.
d) Pintor.

3. Dentro del grupo de la función administrativa hay cuatro categorías. Indica cuál no es la correcta:

a) Técnico.
b) Administrativo.
c) Subalterno.
d) Auxiliar.

4. Dentro del grupo de personal subalterno, escala de servicio, existen las siguientes clases. Indica cuál no es correcta:

a) Fogoneros.
b) Celadores.

c) Pinches.
d) Limpiadoras.

5. Indica cuál de los siguientes grupos de personal no sanitario de instituciones sanitarias no es correcto:

a) Personal técnico.
b) Personal subalterno.
c) Gobernantas.
d) De oficio.

6. Según el Estatuto de personal no sanitario, el corte y colocación de cristales es función de:

a) El mecánico.
b) El carpintero.
c) El cristalero.
d) El fontanero.

7. No es tarea propia del celador:

a) Vigilar la distribución de las comidas.
b) Vigilar el comportamiento de las visitas.
c) Cuidar de que se cumplan las normas establecidas para el acceso y estancia en el centro.
d) Limpiar las jaulas de los animales en los laboratorios de experimentación.

8. Las funciones del celador recogidas en el E.P.N.S. expresan textualmente: Cuando por circunstancias especiales concurrentes en el enfermo no pueda este ser movido solo por la enfermera o ayudante de planta…

a) Bañarán a los enfermos cuando no puedan hacerlo por sí mismos.
b) Ayudarán en la colocación y retirada de cuñas para la recogida de excretas de dichos enfermos.
c) Lavarán y asearán a los enfermos encamados o que no puedan realizarlo por sí mismos.
d) Servirán de ascensoristas.

9. ¿A quién dice el E.P.N.S. que los celadores ayudarán al movimiento y traslado de los enfermos encamados que requieran un trato especial debido a sus dolencias para hacerles las camas?

a) Al personal sanitario general.
b) Al personal sanitario facultativo.
c) A las enfermeras y a las TCAE.
d) No lo especifica.

10. Trasladando a un enfermo de una planta a otra, dicho enfermo empeora repentinamente. ¿Qué debe hacer el celador?

a) Esperar a ver si se le pasa.
b) Seguir hasta llegar a su destino.
c) Localizar lo antes posible a un médico o enfermera para que lo atienda.
d) Volver con el enfermo al servicio de procedencia.

11. Según el Estatuto de personal no sanitario, no es función propia de los celadores de las II.SS.

a) Amortajar a los pacientes fallecidos.
b) Limpiar las jaulas de los animales en los laboratorios de experimentación.
c) Rasurar a los enfermos que vayan a ser sometidos a intervención quirúrgica en caso de ausencia del peluquero.
d) Bañar a los enfermos masculinos que no puedan hacerlo por sí mismos.

12. De acuerdo con el E.P.N.S., el grupo de personal subalterno pertenece a la escala:

a) General.
b) Servicio.
c) Oficio.
d) Ninguna de las anteriores.

13. De acuerdo con el E.P.N.S., la categoría de telefonista está incluida en el:

a) Grupo de personal técnico.
b) Grupo de personal de oficio.
c) Grupo de personal subalterno.
d) Grupo de personal de servicios especiales.

14. De acuerdo con el Estatuto de personal no sanitario, ¿cuál de las siguientes categorías no está incluida en el grupo de clasificación de personal subalterno?

a) Planchadora.
b) Costurera.
c) Lavandera.
d) Limpiadora.

15. Trasladando a un enfermo que tiene puesto un gotero se le acaba el suero de la botella. ¿Qué debe hacer el celador?

a) Cerrar el dispositivo de paso para que no entre aire.
b) Sustituir la botella de suero.
c) Comunicarlo a su inmediato superior.
d) Comunicarlo al personal sanitario.

16. ¿Cómo debe ofrecerse la información al usuario?

a) En términos comprensibles para él.
b) Escueta y resumida.
c) Por escrito siempre.
d) Clara, sin divulgaciones y solo la debe dar el personal sanitario.

17. Según el Estatuto de personal no sanitario, la vigilancia nocturna, tanto del interior como del exterior del edificio, cuidando de que estén cerradas las puertas de los servicios complementarios, es función del:

a) Jardinero.
b) Guardas de seguridad.
c) Celadores.
d) Mecánico.

18. Dentro del grupo de personal subalterno del estatuto de personal no sanitario al servicio de las instituciones sanitarias de la Seguridad Social, los celadores están incluidos en:

a) La escala de servicio.
b) La escala general.
c) Servicios especiales.
d) Personal de oficio.

19. Los centros sanitarios públicos deben disponer de:

a) Buzón para sugerencias.
b) Hojas de reclamaciones.
c) Las opciones a) y b) son correctas.
d) Solo deben disponer de ellos los centros privados.

20. Para evitar distorsiones en el mensaje que un celador debe transmitir a un paciente, deberá:

a) Hablar siempre con doble sentido para no desanimar al paciente.
b) Clarificar las ideas antes de comunicar.
c) Aprovechar cualquier momento para comunicarle algo al paciente.
d) Todas las opciones son correctas.

21. El ruido, como obstáculo a la comunicación, se concibe como un fenómeno de:

a) Filtraje.
b) Sobrecarga de canales.
c) Perturbación o distorsión.
d) Retroalimentación.

22. Atendiendo a la localización física del emisor y del receptor, podemos clasificar las comunicaciones en:

a) Entre presentes y entre ausentes.
b) Inmediatas y diferidas.
c) Internas y externas.
d) Públicas y privadas.

23. Por el interés de su contenido, podemos clasificar los tipos de comunicación en:

a) Internas y externas.
b) Públicas y privadas.
c) Inmediatas y diferidas.
d) Intuitivas y reflexivas.

24. La empatía implica:

a) Que el emisor compruebe la reacción del receptor.
b) Que el receptor valore el comportamiento del emisor.
c) Que el emisor actúe de forma automática en sus funciones omitiendo datos necesarios para una perfecta comunicación.
d) Que el emisor sea capaz de ponerse en el lugar del receptor.

25. ¿Cuál de las siguientes es una técnica eficaz en la comunicación?

a) Escucha activa.
b) Asertividad.
c) Empatía.
d) Todas las opciones son correctas.

En MADTEST tienes **más preguntas de este tema**, y todos tus avances quedan registrados y se reflejan en el ranking.

¡Supera tus límites con MADTEST!

Solución al test n.º 1

1. d) Jardineros.

2. c) Mecánico.

3. c) Subalterno.

4. b) Celadores.

5. c) Gobernantas.

6. d) El fontanero.

7. a) Vigilar la distribución de las comidas.

8. b) Ayudarán en la colocación y retirada de cuñas para la recogida de excretas de dichos enfermos.

9. c) A las enfermeras y a las TCAE.

10. c) Localizar lo antes posible a un médico o enfermera para que lo atienda.

11. a) Amortajar a los pacientes fallecidos.

12. d) Ninguna de las anteriores.

13. d) Grupo de personal de servicios especiales.

14. b) Costurera.

15. d) Comunicarlo al personal sanitario.

16. a) En términos comprensibles para él.

17. c) Celadores.

18. b) La escala general.

19. c) Las opciones a) y b) son correctas.

20. b) Clarificar las ideas antes de comunicar.

21. c) Perturbación o distorsión.

22. a) Entre presentes y entre ausentes.

23. b) Públicas y privadas.

24. d) Que el emisor sea capaz de ponerse en el lugar del receptor.

25. d) Todas las opciones son correctas.

Conocimientos básicos de los utensilios, mobiliario y objetos de las instituciones sanitarias: cuidados y conservación

1. Un dispositivo que permite visualizar las radiografías gracias a un sistema de iluminación por transparencia del negativo, se denomina:

a) Megatoscopio.
b) Optotipo.
c) Negacoscopio.
d) Negatoscopio.

2. Un panel que contiene letras, números, símbolos o figuras de diferentes tamaños y que sirve para determinar la agudeza visual del paciente, se denomina:

a) Oftalmoscopio.
b) Tonómetro.
c) Otoscopio.
d) Optotipo.

3. La prueba médica que utiliza rayos X para obtener imágenes de los vasos sanguíneos se denomina:

a) Angiografía.
b) Radiografía vascular.
c) Densitometría.
d) Eco-Doppler.

4. La prueba que permite evaluar el flujo sanguíneo de las venas y cuantificar la velocidad del flujo, el diámetro del vaso, detectar la presencia de placas de ateroma, lesiones inflamatorias, estenosis, obstrucciones, etc., se denomina:

a) Angiografía.
b) Baipás coronario.

c) Ergometría.
d) Eco-Doppler.

5. La denominada "prueba de esfuerzo" que realizan los servicios de cardiología y que permite, entre otras cosas, poder diagnosticar una posible angina de pecho, se denomina:

a) Angiografía.
b) Electromiografía.
c) Ergometría.
d) Eco-Doppler.

6. El estudio del volumen y ritmo del flujo de aire en los pulmones que sirve para evaluar la función pulmonar en personas con enfermedades pulmonares obstructivas o restrictivas como asma, fibrosis quística, EPOC, etc., se denomina:

a) Eco-Doppler.
b) Espirometría.
c) Ergometría.
d) Ecocardiología.

7. Una tomografía de emisión de positrones es una técnica diagnóstica no invasiva que permite tomar imágenes que muestran la actividad y el metabolismo de órganos. Dicha prueba se denomina también por las siglas:

a) TAC.
b) RMN.
c) PET.
d) PAAF.

8. La radioterapia interna que utiliza material radiactivo dentro del tumor o en tejidos circundantes se denomina:

a) Braquiterapia.
b) Cardioversión.
c) Radioterapia radical.
d) Gammagrafía.

9. La resonancia magnética es una prueba diagnóstica que obtiene imágenes de distintas zonas corporales. Para ello utiliza:

a) Un campo magnético y ondas de radiofrecuencia.
b) Un campo magnético y rayos X.
c) Un campo magnético y rayos gamma.
d) Un campo magnético y rayos ultravioleta.

10. La intervención quirúrgica en la que se extirpan las conocidas como vegetaciones se denomina:

a) Adenoidectomía.
b) Apendicectomía.
c) Amigdalectomía.
d) Abdominoplastia.

11. Una CPRE es un procedimiento para examinar los conductos biliares a través de un endoscopio. Se denomina también:

a) Colangiopancreatografía retrógrada endoscópica.
b) Colangiografía retrógrada laparoscópica.
c) Colangiopancreatografía retrógrada laparoscópica.
d) Colangiografía retrógrada endoscópica.

12. La intervención quirúrgica en la cual se extirpa la vesícula biliar se denomina:

a) Colectomía.
b) Cistoscopia.
c) Colelitiasis.
d) Colecistectomía.

13. El procedimiento quirúrgico para extirpar par un riñón se denomina:

a) Nefrectomía.
b) Laminectomía.
c) Laparatomía.
d) Litotricia.

14. La extirpación quirúrgica del útero se denomina:

a) Histeroscopia.
b) Cistoscopia.
c) Laminectomía.
d) Histerectomía.

15. La intervención quirúrgica que consiste en la extirpación del bazo, se denomina:

a) Prostatectomía.
b) Blefaroplastia.
c) Esplenectomía.
d) Abdominoplastia.

16. La prueba en la que se estudia el funcionamiento de los nervios del sistema nervioso periférico se denomina:

a) Electroencefalografía.
b) Electroneurografía.
c) Electromiografía.
d) Electrocardiografía.

17. El estudio destinado a conocer el funcionamiento de los músculos del sistema nervioso periférico se denomina:

a) Electroneurografía.
b) Electromiografía.
c) Electrocardiografía.
d) Electroencefalografía.

18. La monitorización electrocardiográfica ambulatoria que consiste en el registro continuo del electrocardiograma a lo largo de un período prolongado de tiempo (habitualmente 24 o 48 horas) mediante un dispositivo portátil de pequeño tamaño del que, posteriormente, se extrae y se analiza la información grabada durante ese periodo de tiempo, se denomina:

A) Eco-Doppler.
b) *Hallux valgus*.
c) Holter.
d) CPRE.

19. Según su peligrosidad infectiva, el material se clasifica en:

a) Material fungible y material inventariable.
b) Material crítico, semicrítico y no crítico.
c) Material infectado y material desinfectado.
d) Material estéril y material desinfectado.

20. La cama articulada es la que:

a) Posee un somier que consta de dos o tres segmentos móviles.
b) Se utiliza en plantas de traumatología para colgar poleas y pesas.
c) La que se utiliza en salas de grandes quemados.
d) El somier solo se articula en los pies.

21. La cama del paciente:

a) Se cambiará por la mañana tras el baño o aseo del paciente.
b) Se cambiará siempre que se manche.
c) Puede tener tres o cuatro ruedas.
d) Todas las opciones son correctas.

22. Para que se pueda realizar la higiene bucal de un enfermo en coma sin que exista peligro de atragantamiento debemos colocarlo en la posición de:

a) Boca abajo con la cabeza ladeada.
b) De lado con la cara hacia abajo.
c) Boca arriba con la cabeza ladeada.
d) De lado con la cabeza hacia arriba.

23. El carro utilizado para transportar pacientes se denomina:

a) De curas.
b) De lencería.
c) Portabanderas.
d) De enfermos.

24. La cama que está indicada para cambiar al paciente de posición sin necesidad de movilizarlo y que se emplea para pacientes con lesiones medulares, politraumatizados y grandes quemados se denomina:

a) Cama libro.
b) Cama articulada.
c) Cama electrocircular.
d) Cama bariátrica.

25. El aparato que se emplea para transmitir una descarga eléctrica con el fin de detener la fibrilación ventricular, se denomina:

a) Electroencefalógrafo.
b) Electromiógrafo.
c) Electrocardiógrafo.
d) Desfibrilador.

En MADTEST tienes **más preguntas de este tema**, y todos tus avances quedan registrados y se reflejan en el ranking.

¡Supera tus límites con MADTEST!

Solución al test n.º 2

1. d) Negatoscopio.

2. d) Optotipo.

3. a) Angiografía.

4. d) Eco-Doppler.

5. c) Ergometría.

6. b) Espirometría.

7. c) PET.

8. a) Braquiterapia.

9. a) Un campo magnético y ondas de radiofrecuencia.

10. a) Adenoidectomía.

11. a) Colangiopancreatografía retrógrada endoscópica.

12. d) Colecistectomía.

13. a) Nefrectomía.

14. d) Histerectomía.

15. c) Esplenectomía.

16. b) Electroneurografía.

17. b) Electromiografía.

18. c) Holter.

19. b) Material crítico, semicrítico y no crítico.

20. a) Posee un somier que consta de dos o tres segmentos móviles.

21. d) Todas las opciones son correctas.

22. c) Boca arriba con la cabeza ladeada.

23. d) De enfermos.

24. c) Cama electrocircular.

25. d) Desfibrilador.

TEST N.º 3

Técnicas de movilización de pacientes. Posiciones. Traslado y movilización de los pacientes. Actuación en unidades de críticos

1. Dentro de los dispositivos de ayuda para la movilización de pacientes se encuentran los bipedestadores o grúas de bipedestación, que también se denominan:

a) Grúas activas.
b) Grúas pasivas.
c) Grúas de techo.
d) Transfers.

2. Si quisiéramos proceder a la transferencia de un paciente muy pesado en estado inconsciente de cama a camilla en una UCI, ¿cuál de los siguientes dispositivos considerarías más adecuado por requerir menor esfuerzo en la movilización?

a) Una grúa activa.
b) Una grúa pasiva.
c) Una sábana de arrastre.
d) Lo más adecuado sería movilizarlo en bloque entre varias personas.

3. Dentro de los movimientos articulares, el término que hace referencia a la rotación externa del pie, con elevación del borde externo del pie, se denomina:

a) Inversión.
b) Supinación.
c) Aducción.
d) Eversión.

4. Cuando hablamos de términos de orientación empleados para determinar la posición podemos afirmar que la parte más cercana al tronco se denomina:

a) Distal.
b) Proximal.
c) Ventral.
d) Dorsal.

5. Dentro de las posiciones exploratorias en que podemos colocar a un paciente, la posición de punción lumbar se denomina también:

a) Posición semiprona.
b) Posición genupectoral.
c) Posición dorsal.
d) Posición raquídea.

6. Al plano horizontal que divide el cuerpo en dos mitades (superior e inferior) se le denomina también:

a) Transversal.
b) Sagital.
c) Oblicuo.
d) Coronal.

7. Indicar las condiciones favorecedoras de la aparición de úlceras por decúbito:

a) Edad avanzada.
b) Mala circulación.
c) Obesidad.
d) Todas las respuestas anteriores son correctas.

8. ¿Cuál es la posición indicada en el proceso de intubación de un paciente?

a) Semifowler.
b) Proetz.
c) Sims.
d) Fowler.

9. ¿Cuál es la posición indicada en un paciente que se encuentra en estado de shock?

a) Trendelenburg.
b) Fowler.
c) Decúbito supino.
d) Antitrendelenburg.

10. ¿Cuál es la posición idónea del paciente para colocarle un enema rectal?

a) Genupectoral.
b) Fowler.
c) Litotomía.
d) Sims.

11. ¿Cómo colocarías a un paciente inconsciente para realizarle la higiene bucal?

a) Posición de Fowler.
b) Decúbito supino con la cabeza de lado.
c) Semisentado.
d) Todas las respuestas son correctas.

12. El método de entrecruzamiento de brazos se utiliza para:

a) Ayudar a caminar al paciente.
b) Lavar al paciente inconsciente.
c) Ayudar al paciente a semisentarse en la cama.
d) Ninguna de las anteriores es correcta.

13. Para realizar el cambio de la ropa de cama a un paciente que ha sido operado de columna, ¿cuál deberá ser el procedimiento?

a) Colocar una almohada entre las piernas y accionar la grúa eléctrica.
b) Lateralizarlo en bloque.
c) De arriba abajo.
d) Primero levantamos al paciente al sillón y luego hacemos la cama.

14. Movilizaciones activas…

a) Son aquellas realizadas por el propio paciente bajo la supervisión de un profesional.
b) Son las realizadas por un terapeuta sobre los distintos segmentos corporales del paciente.
c) Son las que se realizan con aparatos especiales.
d) Son las realizadas con un andador.

15. ¿Qué funciones de las siguientes cree que debería cumplir la higiene?

a) Eliminar los microorganismos.
b) Fomentar el descanso y relax.
c) Eliminar las secreciones y excreciones corporales.
d) Todas las mencionadas.

16. Si le ordenan colocar un paciente en la posición de semifowler, ¿cómo deberá colocarlo?

a) Con la cabecera de la cama elevada 30 grados y los miembros inferiores semiflexionados.
b) Con la cabecera de la cama elevada 45 grados y los miembros inferiores en extensión.
c) Con la cabecera de la cama elevada 90 grados y los miembros inferiores en extensión.
d) Con la cabecera de la cama elevada 30 grados y los miembros inferiores en abducción.

17. Indica cuáles son medidas de prevención de las escaras:

a) Proporcionar una alimentación correcta e higiene adecuada al enfermo.
b) Movilización del paciente cada cierto tiempo (cambios posturales).
c) Realizar masajes en las zonas donde se sospeche su posible aparición.
d) Todas las medidas anteriores son correctas.

18. La posición indicada para el parto es:

a) Decúbito lateral.
b) Litotomía dorsal.
c) Genupectoral.
d) Litotomía ventral.

19. ¿Para qué se utiliza una férula de Braun?

a) Para la inmovilización de miembros inferiores.
b) Para tracción cervical.
c) Para la inmovilización de miembros superiores.
d) Para la movilización de miembros inferiores.

20. ¿En qué casos está indicado un colchón de agua o aire?

a) En aquellos pacientes cuyas características hagan previsible la aparición de úlceras por presión.
b) Siempre es mejor utilizar colchones de muelles.
c) Siempre que sea posible, pues facilita la recuperación del enfermo.
d) Cuando el paciente lo demande y estén disponibles.

21. Cuando el paciente se encuentra tumbado horizontalmente sobre su espalda, con las piernas flexionadas y en abducción y las plantas de los pies sobre la cama, estará en posición:

a) Trendelenburg.
b) Genupectoral.
c) Ginecológica.
d) Fowler.

22. A un paciente con problemas cardíacos o respiratorios no lo colocaremos en posición:

a) Semifowler.
b) Trendelenburg.
c) Antitrendelenburg.
d) Fowler.

23. No forma parte de un plan de cambios posturales la posición:

a) Fowler.
b) Sims.
c) Antitrendelenburg.
d) Supino.

24. Llamamos movilización temprana a la tendencia de:

a) Levantar temprano a los pacientes encamados.
b) Levantar a los pacientes quirúrgicos lo antes posible, normalmente a las 24 horas.
c) Movilizar a los enfermos con ayuda de fisioterapeutas, que realizarán los ejercicios rehabilitadores sobre los pacientes.
d) Movilización activa de los pacientes.

25. En la posición de Sims no pondremos almohadas:

a) Bajo el hombro y brazo superior.
b) Bajo el muslo y pierna superior.
c) Bajo el muslo y la pierna inferior.
d) Todas las opciones son correctas.

En MADTEST tienes **más preguntas de este tema**, y todos tus avances quedan registrados y se reflejan en el ranking.

¡Supera tus límites con MADTEST!

Solución al test n.º 3

1. a) Grúas activas.

2. b) Una grúa pasiva.

3. d) Eversión.

4. b) Proximal.

5. d) Posición raquídea.

6. a) Transversal.

7. d) Todas las respuestas anteriores son correctas.

8. b) Proetz.

9. a) Trendelenburg.

10. d) Sims.

11. b) Decúbito supino con la cabeza de lado.

12. c) Ayudar al paciente a semisentarse en la cama.

13. b) Lateralizarlo en bloque.

14. a) Son aquellas realizadas por el propio paciente bajo la supervisión de un profesional.

15. d) Todas las mencionadas.

16. a) Con la cabecera de la cama elevada 30 grados y los miembros inferiores semi-flexionados.

17. d) Todas las medidas anteriores son correctas.

18. b) Litotomía dorsal.

19. a) Para la inmovilización de miembros inferiores.

20. a) En aquellos pacientes cuyas características hagan previsible la aparición de úlceras por presión.

21. c) Ginecológica.

22. b) Trendelenburg.

23. c) Antitrendelenburg.

24. b) Levantar a los pacientes quirúrgicos lo antes posible, normalmente a las 24 horas.

25. c) Bajo el muslo y la pierna inferior.

Área quirúrgica: actuación y normas de higiene. Actuación en las unidades de hospitalización, estancias comunes y unidades de salud mental

1. La posición quirúrgica que se emplea en cirugía artroscópica de los hombros (que es una modificación de la de Fowler) en la cual el paciente se coloca en la camilla quirúrgica con el respaldo elevado (entre 30º y 60º), las piernas flexionadas sobre un tope que le permite apoyarlas para disminuir la estasis venosa y con otro tope o descanso lumbar a la altura de la cadera, se denomina:

a) Posición de silla de playa.
b) Posición de silla de montar.
c) Posición de Fowler alta.
d) Posición ortopédica.

2. ¿Cómo se denomina al accesorio metálico que se fija al lateral de la mesa quirúrgica mediante soporte lateral o mordaza y se sitúa encima del paciente para separar la zona de anestesia de la zona de intervención?

a) Arco en C.
b) Arco de anestesia.
c) Tabla braquial.
d) Tablero quirúrgico.

3. Las siglas URPA significan:

a) Unidad renal postanestésica.
b) Unidad de reanimación preanestésica.
c) Unidad de recuperación preanestésica.
d) Unidad de recuperación postanestésica.

4. El responsable del URPA será un médico:

a) Especialista en medicina intensiva.
b) Cardiólogo.

c) Anestesista.
d) De urgencias.

5. Las lámparas quirúrgicas se denominan:

a) Cialíticas.
b) Cielíticas.
c) Cíclicas.
d) Críticas.

6. ¿Cuál de los siguientes elementos forma parte del material necesario en un carro de parada?

a) Desfibrilador.
b) Ambú.
c) Tabla de RCP.
d) Todos.

7. La técnica que consiste en suprimir temporalmente la circulación sanguínea en miembros superiores o inferiores con el fin de evitar pérdidas de sangre y la presencia de esta durante la intervención, se denomina:

a) Laparoscopia.
b) Endoscopia.
c) Raquianestesia.
d) Isquemia.

8. La técnica de lavado de manos quirúrgico debe durar aproximadamente:

a) 10 minutos.
b) 5 minutos.
c) 1 minuto.
d) 2 minutos.

9. La inyección directa de un anestésico en los tejidos se denomina:

a) Filtración.
b) Infiltración.
c) Anestesia por vía tópica.
d) Anestesia general.

10. La inyección de un anestésico en el espacio subaracnoideo de la médula espinal se denomina:

a) Raquianestesia.
b) Epidural.
c) Anestesia local.
d) Anestesia general.

11. La anestesia plexal es un ejemplo de anestesia:

a) General.
b) Local.
c) Regional o troncular.
d) Raquianestesia.

12. La administración de un anestésico a través de un tubo insertado en la tráquea se denomina:

a) Por vía traqueal.
b) Por vía endotraqueal.
c) Por vía nasogástrica.
d) Por vía intravenosa.

13. Los procedimientos o actuaciones dirigidas a impedir la llegada de microorganismos a un medio aséptico, se denomina:

a) Antisepsia.
b) Sepsis.
c) Septicemia.
d) Asepsia.

14. El espacio en el que se agrupan todos los quirófanos con los equipamientos y características necesarios para llevar a cabo los procedimientos quirúrgicos, se denomina:

a) Reanimación.
b) UCMA.
c) URPA.
d) Área quirúrgica.

15. El bloque quirúrgico se considera, en el ámbito hospitalario, que funciona como una unidad:

a) Final.
b) Intermedia.
c) Administrativa.
d) Todas las opciones son correctas.

16. La cirugía del sistema nervioso se denomina:

a) Neumología.
b) Cirugía ortopédica.
c) Neurología.
d) Neurocirugía.

17. El material que debe estar desinfectado, no siendo imprescindible su esterilización, se denomina:

a) Crítico.
b) Inventariable.
c) No crítico.
d) Semicrítico.

18. El formol se considera un:

a) Desinfectante.
b) Antiséptico de bajo nivel.
c) Antiséptico de alto nivel.
d) Gas anestésico.

19. Las unidades de cirugía mayor ambulatoria funcionan como unidades:

a) Finales.
b) Intermedias.
c) Especiales.
d) Transversales.

20. ¿Para qué se utiliza un trocar?

a) En una exploración ocular.
b) Para punción lumbar.
c) En suturas de heridas.
d) Como un martillo de reflejos.

21. Si va a realizar una punción pleural, ¿cómo colocaría al paciente?

a) Decúbito supino.
b) Fowler.
c) Roser.
d) Posición de punción lumbar.

22. La bata rusa es:

a) La bata quirúrgica antiséptica.
b) La bata de aislamiento estricto.
c) La bata de aislamiento respiratorio.
d) La bata quirúrgica estéril.

23. ¿Para qué se utiliza una sonda nasogástrica?

a) Alimentación enteral.
b) Lavado de estómago.
c) Aspiración gástrica.
d) Todas las respuestas son correctas.

24. Una infección nosocomial es:

a) Una infección domiciliaria.
b) Una infección hereditaria.
c) Una infección hospitalaria.
d) Una infección generalizada.

25. ¿En cuál de los siguientes modelos de pasillos de circulación en quirófano se distingue entre un pasillo de limpio y un pasillo de sucio?

a) Pasillo único.
b) Doble pasillo.
c) En los dos.
d) En ninguno de ellos.

En MADTEST tienes **más preguntas de este tema**, y todos tus avances quedan registrados y se reflejan en el ranking.

¡Supera tus límites con MADTEST!

Solución al test n.º 4

1. a) Posición de silla de playa.

2. b) Arco de anestesia.

3. d) Unidad de recuperación postanestésica.

4. c) Anestesista.

5. a) Cialíticas.

6. d) Todos.

7. d) Isquemia.

8. b) 5 minutos.

9. b) Infiltración.

10. a) Raquianestesia.

11. c) Regional o troncular.

12. b) Por vía endotraqueal.

13. d) Asepsia.

14. d) Área quirúrgica.

15. b) Intermedia.

16. d) Neurocirugía.

17. d) Semicrítico.

18. a) Desinfectante.

19. a) Finales.

20. b) Para punción lumbar.

21. b) Fowler.

22. d) La bata quirúrgica estéril.

23. d) Todas las respuestas son correctas.

24. c) Una infección hospitalaria.

25. b) Doble pasillo.

TEST N.º 5

Actuación del/de la celador/a en relación con los pacientes fallecidos. Actuación en las salas de autopsias y los mortuorios

1. ¿Qué se entiende por "cadáver" según el decreto 129/2023, de 31 de agosto, de Sanidad Mortuoria de Galicia?

a) Todo cuerpo humano en proceso de descomposición.
b) El cuerpo humano durante los cinco primeros años después de la muerte.
c) El cuerpo humano durante los cinco años siguientes al fallecimiento, mientras no alcance la condición de resto cadavérico.
d) Todo resto óseo con más de cinco años.

2. ¿Qué autoridad tiene la competencia en materia de sanidad mortuoria en Galicia según el decreto 129/2023, de 31 de agosto, de Sanidad Mortuoria de Galicia?

a) El Ministerio de Sanidad.
b) Las diputaciones provinciales.
c) La Consellería competente en materia de sanidad de la Xunta de Galicia.
d) Los ayuntamientos.

3. ¿Cuál de los siguientes lugares no está autorizado como destino final de cadáveres o restos humanos según el decreto 129/2023, de 31 de agosto, de Sanidad Mortuoria de Galicia?

a) Cementerios.
b) Tanatorios.
c) Crematorios.
d) Columbarios.

4. ¿Según el decreto 129/2023, de 31 de agosto, de Sanidad Mortuoria de Galicia, qué documento autoriza el traslado de un cadáver fuera de Galicia?

a) El certificado médico de defunción.
b) La licencia de enterramiento.

c) La autorización sanitaria de traslado expedida por la autoridad competente.
d) El permiso judicial.

5. ¿Según el decreto 129/2023, de 31 de agosto, de Sanidad Mortuoria de Galicia Cuál es el periodo mínimo que debe transcurrir para exhumar un cadáver sin riesgo sanitario?

a) 2 años.
b) 3 años.
c) 5 años.
d) 10 años.

6. ¿Qué práctica requiere autorización sanitaria especial según el decreto 129/2023, de 31 de agosto, de Sanidad Mortuoria de Galicia?

a) La inhumación en nicho.
b) La cremación de un cadáver.
c) El embalsamamiento.
d) El traslado dentro del mismo municipio.

7. En cuanto a los medios de transporte para el traslado de cadáveres y restos cadavéricos, señale la opción correcta:

a) No podrán trasladarse en avión.
b) En los casos de extracción de órganos o tejidos, por tener la condición de donante la persona fallecida, el traslado se podrá efectuar en vehículos de transporte sanitario.
c) No podrán trasladarse en furgones de ferrocarril.
d) Ninguna de las opciones anteriores es correcta.

8. Usted, como celador destinado en anatomía patológica, deberá conocer las condiciones que tiene que cumplir una sala de autopsias. Señale la opción incorrecta:

a) En una sala de autopsias tiene que haber agua corriente fría y caliente.
b) En una sala de autopsias tiene que haber sistema de aspiración.
c) En una sala de autopsias tiene que haber laboratorio histopatológico propio o concertado.
d) En una sala de autopsias tiene que haber extractores de aire directos al exterior.

9. ¿En qué caso se podrían enterrar dos o más cadáveres en un mismo féretro? Señale la opción correcta:

a) Madres y neonatos fallecidos en el momento del parto.
b) Sucesos con víctimas múltiples.
c) Nunca puede haber más de un cadáver por féretro.
d) Son correctas las opciones a) y b).

10. Después de realizada una autopsia, la limpieza de la mesa y de la sala de autopsias corresponde:

a) Al personal de limpieza.
b) Al celador de autopsias.
c) La mesa, al celador y la sala, al personal de limpieza.
d) La mesa, al personal de limpieza y la sala, al celador.

11. El examen realizado sobre el cadáver para confirmar las causas de la muerte se denomina:

a) Autopsia médico-forense.
b) Autopsia anatomopatológica u hospitalaria.
c) Necropsia judicial.
d) Autopsia médico legal.

12. La valoración y certificación de la muerte es competencia:

a) Del personal médico.
b) Del personal sanitario no facultativo.
c) Solo del personal presente en el momento del fallecimiento.
d) Del personal médico o DUE de guardia.

13. Las secciones necrológicas de los periódicos se denominan también:

a) Columbarios.
b) Orbituarios.
c) *Exitus*.
d) Obituarios.

14. ¿Cuál de los siguientes es un signo físico de que un paciente se puede encontrar en un estado terminal?

a) Tener las pupilas dilatadas.
b) Tener rigidez muscular.
c) Tener el pulso débil y regular.
d) Todas las respuestas son correctas.

15. Entre las funciones previstas en el artículo 14.2.21 del Estatuto de personal no sanitario, para los celadores del animalario no se incluye:

a) La alimentación de animales.
b) El cuidado de animales.
c) El aseo de animales.
d) La experimentación con animales.

16. El documento médico legal que acredita la muerte del fallecido y es impres-cindible, junto con el boletín estadístico de defunción para la inscripción de la defunción en el registro civil, se denomina:

a) Certificado estadístico de defunción.
b) Certificado médico de defunción.
c) Boletín estadístico de defunción.
d) Permiso de enterramiento.

17. Los residuos patológicos infecciosos, punzantes o cortantes, ¿dónde se depositan después de su uso?

a) En contenedores rígidos de seguridad.
b) En bolsas de color rojo.
c) En bolsas de color negro.
d) En el vertedero del hospital.

18. Los depósitos para restos cadavéricos se denominan:

a) Columbarios.
b) Ceniceros.
c) Tanatorios.
d) Obituario.

19. El ciclo respiratorio irregular caracterizado por un aumento gradual de la profundidad para luego descender y acabar en una fase de apnea, que es un signo que se da en pacientes terminales, se denomina:

a) Respiración de Cheyne-Stokes.
b) Respiración diafragmática.
c) Respiración abdominal.
d) Respiración Cheyene-Stokes.

20. Dentro de los fenómenos cadavéricos, la acidificación de los tejidos que hace descender el pH se denomina:

a) Corificación.
b) Livideces cadavéricas.
c) Deshidratación cadavérica.
d) Acidificación tisular.

21. El término cremación es sinónimo de:

a) Inhumación.
b) Incineración.

c) Exhumación.
d) Embalsamamiento.

22. La refrigeración es un método de conservación que, mientras dura su actuación, retrasa el proceso de putrefacción del cadáver por medio del descenso artificial de temperatura en una instalación a una temperatura comprendida entre:

a) 0 y 5° C.
b) –2 y 0° C.
c) 2 y 5° C.
d) –2 y 5° C.

23. La congelación es un método de conservación del cadáver mediante la hipotermia en una instalación, manteniéndolo a una temperatura de, al menos:

a) –18° C.
b) –10° C.
c) –5° C.
d) –15° C.

24. La regulación de la sanidad mortuoria en la comunidad autónoma de Galicia se realiza mediante:

a) Decreto de policía sanitaria mortuoria.
b) Decreto de sanidad mortuoria de Galicia.
c) Ley de sanidad mortuoria de Galicia
d) Decreto de autopsias de Galicia.

25. Señale cuál de las siguientes palabras es sinónimo de óbito:

a) Deceso.
b) Mortuorio.
c) *Post mortem*.
d) Receso.

Solución al test n.º 5

1. c) El cuerpo humano durante los cinco años siguientes al fallecimiento, mientras no alcance la condición de resto cadavérico.

2. c) La Consellería competente en materia de sanidad de la Xunta de Galicia.

3. b) Tanatorios.

4. c) La autorización sanitaria de traslado expedida por la autoridad competente.

5. c) 5 años.

6. c) El embalsamamiento.

7. b) En los casos de extracción de órganos o tejidos, por tener la condición de donante la persona fallecida, el traslado se podrá efectuar en vehículos de transporte sanitario.

8. c) En una sala de autopsias tiene que haber laboratorio histopatológico propio o concertado.

9. d) Son correctas las opciones a) y b).

10. b) Al celador de autopsias.

11. b) Autopsia anatomopatológica u hospitalaria.

12. a) Del personal médico.

13. d) Obituarios.

14. a) Tener las pupilas dilatadas.

15. d) La experimentación con animales.

16. b) Certificado médico de defunción.

17. a) En contenedores rígidos de seguridad.

18. b) Ceniceros.

19. a) Respiración de Cheyne-Stokes.

20. d) Acidificación tisular.

21. b) Incineración.

22. d) –2 y 5º C.

23. a) –18º C.

24. b) Decreto de sanidad mortuoria de Galicia.

25. a) Deceso.

TEST N.º 6

**Los suministros. Suministros internos y externos.
Recepción y almacenamiento de mercancías.
Organización del almacén. Distribución de pedidos**

1. ¿Cuál es la función principal de una transpaleta manual?

a) Elevar cargas a gran altura.
b) Transportar y elevar ligeramente palés o recipientes en recorridos cortos.
c) Sustituir a las carretillas elevadoras automotoras.
d) Transportar personas dentro del almacén.

2. ¿Qué elemento permite elevar la horquilla de una transpaleta manual?

a) Un motor eléctrico.
b) Una bomba hidráulica manual.
c) Un sistema de poleas.
d) Un pistón de aire comprimido.

3. ¿Cuál es el rango aproximado del peso propio de una transpaleta manual?

a) Entre 20 y 40 kg.
b) Entre 40 y 60 kg.
c) Entre 60 y 90 kg.
d) Entre 90 y 120 kg.

4. ¿Qué debe hacerse si se detecta una anomalía en la transpaleta?

a) Continuar usándola con precaución.
b) Avisar al fabricante.
c) Retirarla de uso y señalizarla hasta su reparación.
d) Cambiar al operador.

5. Durante las operaciones de carga y descarga, ¿qué acción está prohibida?

a) Introducir completamente la horquilla bajo el palé.
b) Transportar personas en la transpaleta, con o sin carga.

c) Equilibrar la carga centrando la horquilla.

d) Verificar el estado del suelo.

6. En una pendiente, ¿cómo debe situarse el trabajador al descender con una transpaleta cargada?

a) Delante de la carga.

b) Detrás de la carga, controlando con el freno.

c) A un lado, con la barra de tracción suelta.

d) En la parte superior, empujando hacia abajo.

7. ¿Qué tipo de materiales se rigen por las instrucciones generales de recepción de la Plataforma Logística?

a) Solo los productos farmacéuticos.

b) Todo el material fungible adquirido por el Servicio Gallego de Salud con punto de entrega en la PLG.

c) Únicamente los productos de laboratorio.

d) Los materiales perecederos en frío o congelados.

8. ¿Qué ocurre si una expedición no presenta albarán de proveedor?

a) Se recepciona provisionalmente.

b) Se recoge, pero con anotación de incidencia.

c) No se recogerá bajo ningún concepto.

d) Se deja en cuarentena hasta recibir la documentación.

9. ¿Qué significado tiene el sellado de la carta o talón de portes por parte del operador logístico?

a) Que la mercancía ha sido revisada y aceptada completamente.

b) Que el número de bultos entregados coincide con lo indicado, pero no implica aceptación del contenido.

c) Que el pedido ha sido registrado en el sistema.

d) Que el pedido se encuentra pendiente de revisión documental.

10. ¿Cuál es el horario general de recepción de mercancías en la Plataforma Logística?

a) De lunes a viernes de 7:00 a 15:00 horas.

b) De lunes a viernes de 8:00 a 17:00 horas.

c) De lunes a viernes de 6:00 a 16:00 horas.

d) Todos los días de la semana, 24 horas.

11. ¿Qué tipo de palets se aceptan para la entrega de mercancías?

a) Palets europeos (800 x 1200 mm), en buen estado y con peso máximo de 600 kg.
b) Palets americanos de cualquier tamaño.
c) Palets metálicos con peso máximo de 800 kg.
d) Cualquier tipo de palet mientras esté retractilado.

12. ¿Qué tipo de pedidos se atienden por el "Carril de Preferencia"?

a) Los pedidos de material de oficina.
b) Los pedidos de baja prioridad o sin cita previa.
c) Los pedidos urgentes y los de productos con condiciones especiales de frío o congelado.
d) Los pedidos con más de 10 albaranes.

13. ¿Dónde pueden las empresas transportistas o suministradoras dirigir sus quejas o sugerencias sobre el funcionamiento de la plataforma?

a) A la oficina de recepción de mercancías.
b) Al operador logístico de turno.
c) Al Servicio de Aprovisionamiento del Servicio Gallego de Salud.
d) A la empresa de transporte principal del Sergas.

14. ¿Qué significa FIFO?

a) *Five in, five off.*
b) *Fine in, fine over.*
c) *First in, first out.*
d) *Flirt ink, flirt on.*

15. La figura del celador encargado de almacén está contemplada en:

a) El Decreto Ley 2/1989.
b) El Estatuto de personal.
c) El Acuerdo del Consejo de Ministros 26/6/1990 que modifica el Real Decreto Ley 3/1987.
d) El Real Decreto Ley 3/1989.

16. Para poder controlar las existencias de un almacén, desde el punto de vista logístico, se necesita conocer:

a) La ubicación de las mercancías en el interior del almacén.
b) El número de entradas de mercancías.
c) El número de salidas de mercancías.
d) El diseño arquitectónico del local y sus detalles.

17. Señale cuál de las siguientes no es una fase de la tarea de suministro:

a) Revisión de ofertas.
b) Petición de material.
c) Gestión de *stock*.
d) Control económico.

18. El objeto último de los almacenes es:

a) Satisfacer las necesidades de los servicios.
b) Mantener los suministros del centro custodiados.
c) La custodia de los pedidos.
d) La distribución de pedidos.

19. La clasificación de Pareto ordena los artículos en clases A, B y C. Los artículos del tipo A son aquellos que:

a) Tendrían un consumo intermedio.
b) Más se utilizan y, por tanto, se guardan en los lugares más próximos y de fácil acceso.
c) Se consumen menos.
d) Son frágiles.

20. El inventario que requiere un recuento sistemático de las existencias durante todo el ejercicio con el fin de determinar el número de veces que se consume y se repone la mercancía a lo largo del año se denomina:

a) Inventario tradicional.
b) Inventario innovador.
c) Inventario rotativo.
d) Inventario valorativo.

21. El criterio de valoración de mercancías denominado FIFO hace referencia a:

a) Primero en entrar, último en salir.
b) Último en entrar, primero en salir.
c) Primero en entrar, primero en salir.
d) Ninguna es correcta.

22. La actividad que hace referencia al conjunto de tareas cuya finalidad es aprovisionar de materiales al almacén y a los servicios sanitarios, se denomina:

a) Suministro.
b) Almacenaje.
c) Procedimiento administrativo de contratación.
d) Control de gestión.

23. Las tareas encaminadas a proveer desde el almacén a las distintas unidades o servicios de una institución sanitaria del material necesario para poder llevar a cabo la actividad asistencial encomendada, se denomina:

a) Suministros generales.
b) Suministros internos.
c) Suministros externos.
d) Suministros urgentes.

24. La finalidad de un almacén en una institución sanitaria es:

a) Tener un *stock* suficiente para situaciones de emergencia.
b) Prever las necesidades de material en situaciones de gran cantidad de carga de trabajo.
c) Garantizar el aprovisionamiento de las distintas unidades y servicios, en todo momento y a un coste razonable.
d) Abastecer a las distintas unidades y servicios con material del menor coste posible.

25. El recuento de los artículos del almacén, para el cual este debe estar cerrado y todas las operaciones de entrada y salida de artículos, debidamente interrumpidas, se denomina:

a) Inventario provisional.
b) Inventario rotativo.
c) Inventario tradicional.
d) Inventario semanal.

En MADTEST tienes **más preguntas de este tema**, y todos tus avances quedan registrados y se reflejan en el ranking.

¡Supera tus límites con MADTEST!

Solución al test n.º 6

1. b) Transportar y elevar ligeramente palés o recipientes en recorridos cortos.

2. b) Una bomba hidráulica manual.

3. c) Entre 60 y 90 kg.

4. c) Retirarla de uso y señalizarla hasta su reparación.

5. b) Transportar personas en la transpaleta, con o sin carga.

6. b) Detrás de la carga, controlando con el freno.

7. b) Todo el material fungible adquirido por el Servicio Gallego de Salud con punto de entrega en la PLG.

8. c) No se recogerá bajo ningún concepto.

9. b) Que el número de bultos entregados coincide con lo indicado, pero no implica aceptación del contenido.

10. c) De lunes a viernes de 6:00 a 16:00 horas.

11. a) Palets europeos (800 x 1200 mm), en buen estado y con peso máximo de 600 kg.

12. c) Los pedidos urgentes y los de productos con condiciones especiales de frío o congelado.

13. c) Al Servicio de Aprovisionamiento del Servicio Gallego de Salud.

14. c) *First in, first out.*

15. c) El Acuerdo del Consejo de Ministros 26/6/1990 que modifica el Real Decreto Ley 3/1987.

16. a) La ubicación de las mercancías en el interior del almacén.

17. a) Revisión de ofertas.

18. d) La distribución de pedidos.

19. b) Más se utilizan y, por tanto, se guardan en los lugares más próximos y de fácil acceso.

20. c) Inventario rotativo.

21. c) Primero en entrar, primero en salir.

22. a) Suministro.

23. b) Suministros internos.

24. c) Garantizar el aprovisionamiento de las distintas unidades y servicios, en todo momento y a un coste razonable.

25. c) Inventario tradicional.

La farmacia. El traslado de documentos y objetos. La esterilización. La higiene de los/las pacientes. El Servicio de Reprografía en las instituciones sanitarias: funciones de los/las celadores/as

1. El estudio de la prevalencia de las infecciones nosocomiales en España, elaborado por la Sociedad Española de Medicina Preventiva, Salud Pública e Higiene, se denomina:

a) Bacteriemia zero.
b) Estudio EPINS.
c) Neumonía zero.
d) Estudio EPINE.

2. Según el último estudio de la prevalencia de las infecciones nosocomiales en España, realizado en el año 2024, la infección nosocomial más frecuente fue la infección:

a) Respiratoria.
b) Urinaria.
c) Quirúrgica.
d) COVID-19.

3. De las siguientes afirmaciones, indique cuál no es correcta:

a) La estufa Poupinel necesita más tiempo que el autoclave para esterilizar correctamente.
b) La esterilización en el autoclave no contamina ni deja residuos.
c) La estufa Poupinel necesita menos tiempo que el autoclave para esterilizar correctamente.
d) La estufa Poupinel esteriliza mediante calor seco y el autoclave utiliza vapor de agua.

4. Un ejemplo de material fungible en un hospital es:

a) Un ecógrafo.
b) Un armario.
c) Agujas.
d) Camas.

5. El lavado de manos estéril se realiza:

a) Antes de tocar el material esterilizado y lo realiza el personal que emplea una técnica estéril.
b) Solo lo realiza el cirujano.
c) Solo después de haber tocado material esterilizado.
d) Solo lo realiza el anestesista.

6. No es un riesgo físico para los trabajadores en la central de esterilización:

a) El ruido.
b) Quemaduras.
c) Incendios.
d) Gases anestésicos.

7. El código de identificación de la comunidad autónoma de Galicia como entidad emisora de tarjeta sanitaria individual en el Sistema Nacional de Salud se denomina:

a) Código SNS.
b) CIP
c) CITE.
d) TSI.

8. La Ley 41/2002, de 14 de noviembre, es:

a) La ley básica reguladora de la autonomía del paciente.
b) De atención y protección a la infancia y la adolescencia.
c) La Ley General de Sanidad.
d) La ley por la que se aprueba la carta de derechos y obligaciones de los pacientes y usuarios del SERGAS.

9. El consentimiento informado:

a) Como regla general, será escrito.
b) Como regla general, será verbal.
c) Solo podrá ser verbal en caso de intervención quirúrgica.
d) Solo podrá ser verbal en los procedimientos diagnósticos y terapéuticos invasores.

10. La Ley 3/2019, de 2 julio, de ordenación farmacéutica de Galicia, donde se regula, entre otros aspectos, la atención farmacéutica en los hospitales y centros sociosanitarios, establece que será obligatorio el establecimiento de un servicio de farmacia propio en:

a) Todos los hospitales.
b) Todos los hospitales que tengan entre 50 y 100 camas.
c) Todos los hospitales que tengan 100 o más camas.
d) Todos los hospitales que tengan menos de 100 camas.

11. Todo componente de un medicamento distinto del principio activo y del material de acondicionamiento se denomina:

a) Forma galénica.
b) Medicamento genérico.
c) Excipiente.
d) Fórmula magistral.

12. ¿Cuál de los siguientes profesionales no desarrolla su actividad en un servicio de farmacia hospitalaria?

a) Médico.
b) Farmacéutico.
c) DUE.
d) Técnico en Farmacia.

13. El medicamento destinado a un paciente individualizado, preparado por un farmacéutico o bajo su dirección, para cumplimentar expresamente una prescripción facultativa, y dispensado en oficina de farmacia o servicio farmacéutico, se denomina:

a) Preparado oficinal.
b) Fórmula magistral.
c) Medicamento genérico.
d) Forma galénica.

14. Los medicamentos sensibles al calor se denominan:

a) Termolábiles.
b) Fotosensibles.
c) Psicotrópicos.
d) Placebos.

15. Los sistemas automatizados de dispensación de medicamentos se denominan:

a) SADME.
b) SAT.
c) Unidosis.
d) SAMUR.

16. La zona dentro del servicio de farmacia donde se preparan dosis especiales de ciertos medicamentos según las pautas establecidas por la Comisión de Farmacia, se denomina:

a) Área de farmacopea.
b) Oficina de farmacia.
c) Área de farmacotecnia.
d) Área de dispensación de medicamentos.

17. La administración de sustancias nutritivas a través de una sonda que estaría alojada en el tubo digestivo, se denomina:

a) Nutrición parenteral.
b) Nutrición enteral.
c) Dieta basal.
d) Dieta absoluta.

18. Las sustancias farmacológicas que impiden o retardan la división celular y se utilizan en el tratamiento del cáncer, se denominan:

a) Radioterapia.
b) Estupefacientes.
c) Citostáticos.
d) Bacteriostáticos.

19. Los medicamentos que contienen materiales radiactivos llamados Isótopos Radioactivos se denominan:

a) Radiofrecuencias.
b) Radiofármacos.
c) Radiaciones no ionizantes.
d) Radioterapia.

20. En los hospitales, el órgano multidisciplinario de asesoramiento necesario para promover el uso racional de los medicamentos, se denomina:

a) Comisión de Farmacia y Terapéutica.
b) Comité Español de Medicamentos.
c) Comisión de Ética Farmacéutica.
d) Agencia Española del Medicamento.

21. Es falso que la infección nosocomial:

a) Se adquiere solamente por vía respiratoria.
b) Se puede manifestar después de la hospitalización.
c) Se suele manifestar durante la hospitalización.
d) Es la que se adquiere en el hospital y que no se poseía en el momento de ser ingresado.

22. Se debe considerar la necesidad de disponer de una o varias habitaciones (o boxes) con presión positiva o negativa, para el aislamiento de determinado tipo de pacientes (inmunodeprimidos, trasplantados, infecciosos, grandes quemados, etc.). La antesala estanca que sirve para la preparación del personal (lavado de manos y colocación de protecciones) se denomina:

a) Sala previa.
b) Sala de limpio.

c) Esclusa.
d) Ninguna es correcta.

23. En la sangre:

a) A la parte sólida se le denomina plasma.
b) Los glóbulos blancos se denominan también hematíes.
c) Los hematíes intervienen en la coagulación sanguínea.
d) Los glóbulos rojos transportan el oxígeno en la hemoglobina.

24. En enfermos portadores de sonda vesical procuraremos no elevar el colector por encima de la altura de la vejiga para evitar:

a) Reflujos de orina.
b) Reflujos de sangre.
c) Que pierda el vacío.
d) Que no se rompa.

25. Son fármacos de acción local:

a) Jarabes.
b) Pomadas.
c) Colirios.
d) Son correctas las respuestas b) y c).

En MADTEST tienes **más preguntas de este tema**, y todos tus avances quedan registrados y se reflejan en el ranking.

¡Supera tus límites con MADTEST!

Solución al test n.º 7

1. d) Estudio EPINE.

2. c) quirúrgicas.

3. c) La estufa Poupinel necesita menos tiempo que el autoclave para esterilizar correctamente.

4. c) Agujas.

5. a) Antes de tocar el material esterilizado y lo realiza el personal que emplea una técnica estéril.

6. d) Gases anestésicos.

7. c) CITE.

8. a) La ley básica reguladora de la autonomía del paciente.

9. b) Como regla general, será verbal.

10. c) Todos los hospitales que tengan 100 o más camas.

11. c) Excipiente.

12. a) Médico.

13. b) Fórmula magistral.

14. a) Termolábiles.

15. a) SADME.

16. c) Área de farmacotecnia.

17. b) Nutrición enteral.

18. c) Citostáticos.

19. b) Radiofármacos.

20. a) Comisión de Farmacia y Terapéutica.

21. a) Se adquiere solamente por vía respiratoria.

22. c) Esclusa.

23. d) Los glóbulos rojos transportan el oxígeno en la hemoglobina.

24. a) Reflujos de orina.

25. d) Son correctas las respuestas b) y c).

TEST N.º 8

La organización de las urgencias. La actuación del/de la celador/a en la entrada de urgencias. El transporte de enfermos en ambulancias

1. ¿Cuál es el objetivo principal de los primeros auxilios?

a) Administrar medicación a la víctima.
b) Mantener las constantes vitales y asegurar el traslado hasta personal especializado.
c) Diagnosticar enfermedades.
d) Evacuar al paciente sin valorar su estado.

2. En la RCP básica (SVB) de un adulto, ¿cuál es la frecuencia recomendada de compresiones torácicas?

a) 80–100 por minuto
b) 100–120 por minuto
c) 120–140 por minuto
d) 60–80 por minuto

3. La relación compresiones/ventilaciones para un adulto entrenado es:

a) 15:2
b) 30:2
c) Solo compresiones
d) 10:1

4. ¿Qué indica la maniobra de Heimlich?

a) Que el paciente necesita RCP inmediata.
b) Que hay obstrucción grave de la vía aérea por cuerpo extraño.
c) Que se debe administrar un fármaco intravenoso.
d) Que el paciente respira normalmente.

5. Para un lactante, la profundidad recomendada de las compresiones torácicas es aproximadamente:

a) 2 cm
b) 3 cm

c) 4 cm
d) 5 cm

6. La principal ventaja del DEA/DESA es:

a) Permitir administrar medicación automáticamente
b) Analizar el ritmo cardíaco y administrar descarga si es necesario, incluso por personas no sanitarias
c) Sustituir la RCP completamente
d) Curar la fibrilación auricular sin intervención médica

7. ¿Cuál es la secuencia correcta al usar un DEA?

a) Comenzar RCP → Alertar al 112 → Encender DEA → Colocar parches → Seguir instrucciones
b) Encender DEA → Alertar al 112 → Comenzar RCP → Colocar parches → Seguir instrucciones
c) Alertar al 112 → Comenzar RCP → Encender DEA → Colocar parches → Seguir instrucciones
d) Colocar parches → Comenzar RCP → Alertar al 112 → Encender DEA → Seguir instrucciones

8. Según el Decreto 52/2015, de 5 de marzo, por el que se regula el transporte sanitario en la comunidad autónoma de Galicia, ¿qué clase de ambulancias dispondrá de un estetoscopio?

a) Ambulancias de clase A1, o convencionales.
b) Ambulancias de clase B, o de soporte vital básico (SVB) y atención sanitaria inicial.
c) Ambulancias de clase C o de soporte vital avanzado (SVA).
d) Las respuestas b) y c) son correctas.

9. Según el Decreto 52/2015, de 5 de marzo, por el que se regula el transporte sanitario en la comunidad autónoma de Galicia, ¿qué clase de ambulancias dispondrá de un desfibrilador con registro ECG y datos del enfermo?

a) Ambulancias de clase A1, o convencionales.
b) Ambulancias de clase B, o de soporte vital básico (SVB) y atención sanitaria inicial.
c) Ambulancias de clase C, o de soporte vital avanzado (SVA).
d) Todas las opciones son correctas.

10. Según el Decreto 52/2015, de 5 de marzo, por el que se regula el transporte sanitario en la comunidad autónoma de Galicia, ¿qué clase de ambulancias dispondrá de un monitor cardíaco y desfibrilador manual con registro de ECG de doce derivaciones y estimulador cardíaco externo?

a) Ambulancias de clase A1, o convencionales.
b) Ambulancias de clase A2, o de transporte colectivo.

c) Ambulancias de clase B, o de soporte vital básico (SVB) y atención sanitaria inicial.
d) Ambulancias de clase C, o de soporte vital avanzado (SVA).

11. Según el Decreto 52/2015, de 5 de marzo, por el que se regula el transporte sanitario en la comunidad autónoma de Galicia, ¿qué clase de ambulancias dispondrá de un ventilador artificial para respiración asistida y controlada con posibilidades de regulación de la presión inspiratoria máxima, frecuencia respiratoria y volumen/min.?

a) Ambulancias de clase A1, o convencionales.
b) Ambulancias de clase A2, o de transporte colectivo.
c) Ambulancias de clase B, o de soporte vital básico (SVB) y atención sanitaria inicial.
d) Ambulancias de clase C, o de soporte vital avanzado (SVA).

12. Según el Decreto 52/2015, de 5 de marzo, por el que se regula el transporte sanitario en la comunidad autónoma de Galicia, ¿qué clase de ambulancias dispondrán de collares cervicales de diferentes tamaños, incluyendo los pediátricos?

a) Ambulancias de clase A1, o convencionales.
b) Ambulancias de clase B, o de soporte vital básico (SVB) y atención sanitaria inicial.
c) Ambulancias de clase C, o de soporte vital avanzado (SVA).
d) Las respuestas b) y c) son correctas.

13. Según el Decreto 52/2015, de 5 de marzo, por el que se regula el transporte sanitario en la comunidad autónoma de Galicia, ¿qué clase de ambulancias dispondrá de un juego de férulas de inmovilización de extremidades?

a) Ambulancias de clase A1, o convencionales.
b) Ambulancias de clase B, o de soporte vital básico (SVB) y atención sanitaria inicial.
c) Ambulancias de clase C, o de soporte vital avanzado (SVA).
d) Las respuestas b) y c) son correctas.

14. Según el Decreto 52/2015, de 5 de marzo, por el que se regula el transporte sanitario en la comunidad autónoma de Galicia, ¿qué clase de ambulancias dispondrá de un kit de drenaje torácico?

a) Ambulancias de clase A1, o convencionales.
b) Ambulancias de clase A2, o de transporte colectivo.
c) Ambulancias de clase B, o de soporte vital básico (SVB) y atención sanitaria inicial.
d) Ambulancias de clase C, o de soporte vital avanzado (SVA).

15. Actualmente, la red de transporte sanitario urgente (RTSU) dispone de ambulancias de enfermería de soporte vital avanzado que se ubican en:

a) A Coruña, Santiago de Compostela, Ourense, Lugo, Pontevedra y Vigo.
b) A Coruña, Lugo, Ourense y Pontevedra Lalín y Moaña.

c) A Coruña, Santiago de Compostela, Pontevedra, Vigo, Lalín y Moaña.
d) A Coruña ,Vigo, Pontevedra, Lalín y Moaña.

16. Según el Decreto 52/2015, de 5 de marzo, por el que se regula el transporte sanitario en la comunidad autónoma de Galicia, ¿qué clase de ambulancias dispondrán de catéteres venosos centrales?

a) Ambulancias de clase A1, o convencionales.
b) Ambulancias de clase A2, o de transporte colectivo.
c) Ambulancias de clase B, o de soporte vital básico (SVB) y atención sanitaria inicial.
d) Ambulancias de clase C, o de soporte vital avanzado (SVA).

17. ¿Según el Decreto 52/2015, de 5 de marzo, por el que se regula el transporte sanitario en la comunidad autónoma de Galicia, ¿qué clase de ambulancias dispondrán de sondas nasogástricas?

a) Ambulancias de clase A1, o convencionales.
b) Ambulancias de clase A2, o de transporte colectivo.
c) Ambulancias de clase B, o de soporte vital básico (SVB) y atención sanitaria inicial.
d) Ambulancias de clase C, o de soporte vital avanzado (SVA).

18. Para acceder al interior del servicio de urgencias es necesario subir la camilla por una rampa. ¿Cómo lo haría?

a) Usted empuja la camilla por la cabecera.
b) Usted empuja la camilla por los pies.
c) Usted tira de la camilla por la cabecera.
d) Usted tira de la camilla por los pies.

19. Con carácter general, la atención urgente extrahospitalaria en el ámbito de la comunidad autónoma de Galicia será prestada en:

a) Los puntos de asistencia continua.
b) Los servicios de urgencias del hospital de referencia.
c) Los servicios de emergencias y socorro de Galicia.
d) Los puntos de atención continuada.

20. ¿Según el Decreto 52/2015, de 5 de marzo, por el que se regula el transporte sanitario en la comunidad autónoma de Galicia, ¿qué clase de ambulancias dispondrá de material de limpieza y desinfección?

a) Ambulancias de clase A1, o convencionales.
b) Ambulancias de clase B, o de soporte vital básico (SVB) y atención sanitaria inicial.
c) Ambulancias de clase C, o de soporte vital avanzado (SVA).
d) Todas las anteriores.

21. ¿Según el Decreto 52/2015, de 5 de marzo, por el que se regula el transporte sanitario en la comunidad autónoma de Galicia, ¿qué clase de ambulancias dispondrán de un dispositivo para cortar cinturones de seguridad?

a) Ambulancias de clase A1, o convencionales.
b) Ambulancias de clase B, o de soporte vital básico (SVB) y atención sanitaria inicial.
c) Ambulancias de clase C, o de soporte vital avanzado (SVA).
d) Todas las anteriores.

22. Entre las ambulancias no asistenciales se encuentran:

a) Ambulancias A1 o convencionales.
b) Ambulancias de clase A2 o de transporte colectivo.
c) Ambulancias medicalizadas.
d) Las respuestas a) y b) son correctas.

23. La sala de triaje de una unidad de urgencias hospitalaria también se llama:

a) Sala de reanimación.
b) Sala de despertar.
c) Filtro.
d) Box de urgencias.

24. Los PAC tienen, con carácter general, un ámbito:

a) Municipal.
b) Comarcal.
c) Provincial.
d) Supramunicipal.

25. El espacio físico donde se ubican los PAC son:

a) Ambulatorios.
b) Centros de especialidades.
c) Centros de salud.
d) Unidades de urgencias hospitalarias.

En MADTEST tienes **más preguntas de este tema**, y todos tus avances quedan registrados y se reflejan en el ranking.

¡Supera tus límites con MADTEST!

Solución al test n.º 8

1. b) Mantener las constantes vitales y asegurar el traslado hasta personal especializado.

2. b) 100–120 por minuto

3. b) 30:2

4. b) Que hay obstrucción grave de la vía aérea por cuerpo extraño.

5. c) 4 cm

6. b) Analizar el ritmo cardíaco y administrar descarga si es necesario, incluso por personas no sanitarias

7. c) Alertar al 112 → Comenzar RCP → Encender DEA → Colocar parches → Seguir instrucciones

8. d) Las respuestas b) y c) son correctas.

9. d) Todas las opciones son correctas.

10. d) Ambulancias de clase C, o de soporte vital avanzado (SVA).

11. d) Ambulancias de clase C, o de soporte vital avanzado (SVA).

12. d) Las respuestas b) y c) son correctas.

13. d) Las respuestas b) y c) son correctas.

14. d) Ambulancias de clase C, o de soporte vital avanzado (SVA).

15. c) A Coruña, Santiago de Compostela, Pontevedra y Vigo, Lalín y Moaña.

16. d) Ambulancias de clase C, o de soporte vital avanzado (SVA).

17. d) Ambulancias de clase C, o de soporte vital avanzado (SVA).

18. b) Usted empuja la camilla por los pies.

19. d) Los puntos de atención continuada.

20. d) Todas las anteriores.

21. d) Todas las anteriores.

22. d) Las respuestas a) y b) son correctas.

23. c) Filtro.

24. d) Supramunicipal.

25. c) Centros de salud.

Nociones básicas de informática. Sistemas ofimáticos. Procesadores de texto. Hojas de cálculo. Internet. El correo electrónico

1. Con 10 bits, ¿cuántos números distintos puedo representar?

a) 210.
b) 10.
c) 2x10.
d) 1010.

2. ¿Qué número decimal es el 1110 en base 2?

a) 15.
b) 16.
c) 14.
d) 13.

3. ¿Qué parte del ordenador interpreta las instrucciones almacenadas en memoria principal?

a) La unidad de control.
b) El acumulador.
c) El contador de programa.
d) La ALU.

4. ¿Cuál es la memoria más rápida en un ordenador?

a) Memoria principal.
b) Disco duro.
c) Memoria caché.
d) Registros de la CPU.

5. En un disco duro, una circunferencia dentro de una cara se denomina:

a) Cilindro.
b) Sector.

c) Clúster.
d) Pista.

6. Las palabras se codifican en el ordenador en:

a) Código complemento 1.
b) Código complemento 2.
c) Código ASCII.
d) Código decimal.

7. El teclado forma parte de la fase:

a) De procesamiento.
b) De entrada.
c) De salida.
d) De ninguna de las anteriores.

8. Las líneas que comunican las distintas partes de un ordenador se denominan:

a) Pistas.
b) Cilindros.
c) Buses.
d) ALU.

9. ¿Quién interpreta las instrucciones de un programa?

a) ALU.
b) CPU.
c) Registros.
d) Memoria principal.

10. ¿En qué parte de la CPU se guarda información?

a) ALU.
b) Memoria principal.
c) Unidad de control.
d) Registros.

11. La velocidad de la CPU se mide en:

a) Segundos.
b) Minutos.
c) Hercios.
d) Milisegundos.

12. ¿Qué memoria es más rápida?

a) Disco duro.
b) Registros de la CPU.
c) Memoria caché.
d) CD.

13. Las memorias USB son:

a) Memorias magnéticas.
b) Memorias ópticas.
c) Memorias flash.
d) Memorias ROM.

14. El conjunto de las pistas alienadas verticalmente en un disco duro se denominan:

a) Sector.
b) Cilindro.
c) Cabezal.
d) Sector.

15. Los discos duros SATA están sustituyendo a:

a) Discos duros IDE.
b) Memorias USB.
c) Disco duros DATA.
d) Memoria principal.

16. ¿Qué tipo de CD solo es de lectura?

a) CD-ROM.
b) CD-R.
c) CD-RW.
d) CD-DA.

17. La resolución de los monitores actuales se miden en:

a) Líneas.
b) Columnas
c) Píxeles.
d) Bytes.

18. Habitualmente el monitor se conecta en el puerto:

a) USB.
b) Serie.

c) Paralelo.
d) VGA.

19. En los ordenadores actuales el ratón se conecta en el puerto:

a) USB.
b) Serie.
c) Paralelo.
d) VGA.

20. ¿En qué puerto se conecta una impresora que quiere ser compartida en red?

a) USB.
b) Ethernet.
c) Paralelo.
d) VGA.

En MADTEST tienes **más preguntas de este tema**, y todos tus avances quedan registrados y se reflejan en el ranking.

¡Supera tus límites con MADTEST!

Solución al test n.º 9

1. a) 210.

2. c) 14.

3. a) La unidad de control.

4. d) Registros de la CPU.

5. d) Pista.

6. c) Código ASCII.

7. b) De entrada.

8. c) Buses.

9. b) CPU.

10. d) Registros.

11. c) Hercios.

12. b) Registros de la CPU.

13. c) Memorias flash.

14. b) Cilindro.

15. a) Discos duros IDE.

16. a) CD-ROM.

17. c) Píxeles.

18. d) VGA.

19. a) USB.

20. b) Ethernet.

TEST TEMA ADICIONAL

**Perspectiva de género. Salud y género.
Violencia de género: prevención, detección y actuación por
parte de los/las profesionales del Servicio Gallego de Salud**

1. La perspectiva de género en salud implica:

a) Reconocer únicamente diferencias biológicas entre mujeres y hombres.
b) Analizar cómo los roles y desigualdades sociales influyen en la salud.
c) Tratar de igual manera a todos los pacientes, sin diferenciar sexo ni género.
d) Centrarse en patologías propias de la mujer.

2. El enfoque androcéntrico en medicina significa:

a) Que la investigación se centra en ambos sexos por igual.
b) Que el varón adulto es tomado como modelo de referencia.
c) Que se priorizan las enfermedades crónicas de la mujer.
d) Que se excluyen los determinantes sociales de la salud.

3. La Ley Orgánica 3/2007 establece:

a) La igualdad salarial en todos los sectores.
b) La creación del protocolo sanitario contra violencia de género.
c) El derecho a la interrupción voluntaria del embarazo.
d) La transversalidad de género en las políticas públicas, incluida la sanidad.

4. Según la OMS, las desigualdades de género son:

a) Factores exclusivamente culturales.
b) Consecuencias inevitables del sexo biológico.
c) Determinantes sociales clave de la salud.
d) Variables sin impacto en políticas públicas.

5. La transversalidad de género significa:

a) Integrar la perspectiva de género en todas las políticas y programas.
b) Aplicarla solo en áreas de igualdad y violencia de género.
c) Implementar programas específicos para mujeres.
d) Coordinar sectores como justicia y empleo.

6. La intersectorialidad busca:

a) Incorporar la igualdad únicamente en el sistema sanitario.
b) Coordinar diferentes sectores para dar respuestas globales.
c) Limitar la intervención a sanidad y educación.
d) Sustituir la transversalidad de género.

7. Una consecuencia del sesgo androcéntrico es:

a) Diagnóstico temprano de enfermedades cardiovasculares en mujeres.
b) Invisibilización de patologías prevalentes en mujeres.
c) Incremento de la mortalidad masculina por causas externas.
d) Mayor prevalencia de cáncer en hombres.

8. La Ley Orgánica 1/2004 reconoce la violencia de género como:

a) Una vulneración de derechos humanos y un problema de salud pública.
b) Un problema social pero no sanitario.
c) Un fenómeno exclusivamente judicial.
d) Un delito menor en relaciones de pareja.

9. El WAST-Versión corta se aplica a:

a) Mujeres de 15 o más años en consultas sanitarias.
b) Solo a mujeres embarazadas en seguimiento prenatal.
c) Únicamente en urgencias hospitalarias.
d) Personas de ambos sexos en atención primaria.

10. Si el WAST es negativo, se recomienda:

a) Repetir cribado a los 2 años salvo nuevos indicadores.
b) Derivar a servicios sociales de inmediato.
c) Aplicar el cuestionario AAS.
d) Notificar obligatoriamente a la policía.

11. Si el WAST es positivo, la actuación siguiente es:

a) Registrar únicamente en historia clínica.
b) Aplicar el cuestionario AAS.

c) Realizar parte de lesiones automático.
d) Repetir el WAST en 6 meses.

12. El cuestionario AAS se utiliza para:

a) Confirmar sospechas de violencia de género.
b) Evaluar la satisfacción marital.
c) Medir depresión en mujeres.
d) Identificar riesgos cardiovasculares.

13. La prevención primaria en violencia de género busca:

a) Evitar nuevas agresiones en víctimas.
b) Impedir que ocurra violencia mediante educación y sensibilización.
c) Detectar precozmente casos ocultos.
d) Activar órdenes judiciales de protección.

14. La prevención secundaria se centra en:

a) Programas educativos en adolescentes.
b) Derivar a la policía en caso de sospecha.
c) Reducir secuelas de agresiones pasadas.
d) Identificar precozmente víctimas mediante cribado.

15. El objetivo de la prevención terciaria es:

a) Impedir que la violencia ocurra.
b) Evitar la recurrencia y reducir secuelas en víctimas ya afectadas.
c) Detectar signos clínicos de sospecha.
d) Promocionar la igualdad en la población general.

16. El parte de lesiones es importante porque:

a) Es opcional en la atención sanitaria.
b) Sustituye la denuncia judicial.
c) Constituye la prueba documental decisoria.
d) Solo incluye las lesiones físicas.

17. Una señal clínica que puede indicar violencia de género es:

a) Resfriados de repetición.
b) Lesiones en zonas poco visibles y explicaciones incongruentes.
c) Hipertensión en edades tempranas.
d) Aumento de colesterol.

18. El protocolo PDA del SERGAS significa:

a) Pregunta, Detecta y Analiza.
b) Prevención, Derivación y Atención.
c) Proteger, Documentar y Acompañar.
d) Promover, Difundir y Asesorar.

19. Una característica de la violencia psicológica es:

a) Golpes y empujones.
b) Humillaciones, amenazas y aislamiento.
c) Restricción económica.
d) Difusión de imágenes íntimas.

20. La violencia económica se manifiesta como:

a) Uso de armas para intimidar.
b) Amenazas verbales constantes.
c) Aislamiento social.
d) Apropiarse del salario o impedir trabajar a la víctima.

En MADTEST tienes **más preguntas de este tema**, y todos tus avances quedan registrados y se reflejan en el ranking.

¡Supera tus límites con MADTEST!

Solución al test adicional

1. b) Analizar cómo los roles y desigualdades sociales influyen en la salud.

2. b) Que el varón adulto es tomado como modelo de referencia.

3. d) La transversalidad de género en las políticas públicas, incluida la sanidad.

4. c) Determinantes sociales clave de la salud.

5. a) Integrar la perspectiva de género en todas las políticas y programas.

6. b) Coordinar diferentes sectores para dar respuestas globales.

7. b) Invisibilización de patologías prevalentes en mujeres.

8. a) Una vulneración de derechos humanos y un problema de salud pública.

9. a) Mujeres de 15 o más años en consultas sanitarias.

10. a) Repetir cribado a los 2 años salvo nuevos indicadores.

11. b) Aplicar el cuestionario AAS.

12. a) Confirmar sospechas de violencia de género.

13. b) Impedir que ocurra violencia mediante educación y sensibilización.

14. d) Identificar precozmente víctimas mediante cribado.

15. b) Evitar la recurrencia y reducir secuelas en víctimas ya afectadas.

16. c) Constituye la prueba documental decisoria.

17. b) Lesiones en zonas poco visibles y explicaciones incongruentes.

18. a) Pregunta, Detecta y Analiza.

19. b) Humillaciones, amenazas y aislamiento.

20. d) Apropiarse del salario o impedir trabajar a la víctima.

SUPUESTO PRÁCTICO

Raúl González es un paciente de 47 años ingresado en la planta de medicina interna que tiene programada una cirugía para el día siguiente. Antonio es un celador que ha trasladado a dicho paciente a hacerse diferentes pruebas. Como celador, debe saber:

1. Nuestro paciente se va a someter a una cirugía para determinar la causa de los síntomas que tiene (vómitos, náuseas y dolor en epigastrio); ¿qué tipo de cirugía es?

a) Curativa.
b) Reparadora.
c) Diagnóstica.
d) Paliativa.

2. Se le va a realizar una cirugía en la que se penetra al tubo digestivo, pero controlada asépticamente. ¿Qué tipo de cirugía es?

a) Limpia.
b) Limpia contaminada.
c) Contaminada.
d) Sucia.

3. ¿Cómo se denomina la fase que antecede a la operación y comienza con la preparación del paciente y finaliza cuando este es colocado en la mesa de operaciones?

a) Preoperatoria.
b) Transoperatoria.
c) Postoperatoria.
d) Siempre operatoria.

4. La zona de descanso personal de los miembros del equipo quirúrgico, se sitúa en:

a) Área limpia.
b) Área de intercambio.
c) Área estéril.
d) Área aséptica.

5. La sala de lavado quirúrgico se encuentra en:

a) Área estéril.
b) Área séptica.
c) Área aséptica.
d) Las respuestas a) y c) son correctas.

6. El almacén o dependencia anexa al quirófano, se encuentra en:

a) Intermedia.
b) Área estéril.
c) Área aséptica.
d) Exclusa.

7. ¿Qué indumentaria llevará el equipo quirúrgico en el pasillo de sucio?

a) Gorro.
b) Ninguna.
c) Calzas.
d) Calzas y gorro.

8. ¿Cómo se denomina la sala o dependencia, anexa al quirófano, que sirve para proporcionar atención y asistencia al paciente que va a ser operado?

a) Zona intermedia.
b) Zona anexa.
c) Antequirófano.
d) Sala de reanimación.

9. ¿En qué área debe permanecer el celador durante la intervención de Raúl?

a) Quirófano.
b) Antequirófano.
c) Sala de espera.
d) Sala de reanimación.

10. ¿Qué tipo de tareas puede realizar el celador durante la intervención?

a) Transporte de biopsia intraoperatoria al servicio de anatomía mortuoria.
b) Transporte de concentrados de hematíes, desde el laboratorio clínico.
c) Transporte de aparatos diagnósticos.
d) Todas las opciones son correctas.

11. La sala de antequirófano requiere:

a) Calzas, gorros.
b) Uniforme quirúrgico, calzas y gorro.
c) Uniforme quirúrgico, calzas, gorro y mascarilla.
d) No requiere nada.

12. Dentro de los miembros del equipo quirúrgico, no es estéril:

a) Anestesista.
b) Enfermera circulante.

c) Auxiliar de enfermería.
d) Todos son miembros no estériles.

13. ¿Cómo se denomina el accesorio metálico que se fija a la mesa quirúrgica encima del paciente y sirve para separa la zona de anestesia de la zona de intervención quirúrgica?

a) Arco de Judet.
b) Arco cialítico.
c) Arco de anestesia.
d) Mesa mayo.

14. La mesa metálica provista de ruedas donde se coloca el material de uso continuo para la intervención (bisturí, separadores, pinzas, tijeras, batas, guantes, etc.), se denomina:

a) Mesa mayo.
b) Mesa cigüeña.
c) Mesa de instrumentación.
d) Las respuestas a) y b) son correctas.

15. La pantalla provista de un sistema de iluminación que permite visualizar radiografías, tomografías y resonancias magnéticas del paciente, recibe el nombre de:

a) Radioscopia.
b) Fluoroscopia.
c) Negatoscopio.
d) Chasis.

16. El carro de paradas es:

a) Carro de soporte básico.
b) Mueble de madera con material y medicación necesario para atender una R.C.P.
c) Carro de urgencia.
d) Todas las opciones son correctas.

17. Las reglas básicas de la asepsia quirúrgica eliminan o minimizan la posible contaminación; no es una reglaCuando el celador traslada al paciente recién intervenido del quirófano a la sala de reanimación. ¿Quién debe acompañar al paciente durante el traslado?:

a) La enfermera instrumentista.
b) La enfermera circulante.
c) Cualquiera de ellas.
d) Ninguna de ellas.

18.: Los procedimientos o actuaciones dirigidas a impedir la llegada de microorganismos a un medio aséptico se denominan:

a) Antisepsia.
b) Sepsis.
c) Septicemia.
d) Asepsia.

19. No es una característica que deben reunir los quirófanos:

a) No debe haber ventanas y existirá una instalación de aire acondicionado independiente de la del resto del hospital y con capacidad para renovar el aire entre 15 y 20 veces por hora. El sistema poseerá filtros de partículas de alta seguridad.
b) Puertas que disminuyan la turbulencia del aire al abrirse y cerrarse.
c) La temperatura debe mantenerse entre 17 y 23º C.
d) La humedad del ambiente debe mantenerse entre el 40 y 45 %, así se genera un medio relativamente conductor, permitiendo que la electricidad estática se descargue a tierra a medida que se genera.

20. Una vez terminada la intervención quirúrgica, el paciente es llevado:

a) A planta.
b) A la sala de reanimación.
c) Al antequirófano.
d) Al despertar.

21. Nuestro celador tiene como tarea:

a) Trasladar al paciente desde la habitación a la zona de quirófano, comprobando con anterioridad que la identidad del paciente se corresponda con la historia clínica que le corresponda.
b) Colocará al paciente en la mesa de operaciones y en la posición que determine el cirujano.
c) En caso de amputación de un miembro, lo trasladará al mortuorio previa orden del cirujano.
d) Todas son correctas.

22. ¿Qué tipo de material debe estar rigurosamente limpio y, en la medida de lo posible, desinfectado?

a) No crítico.
b) Crítico.
c) Semicrítico.
d) Semicrítico de grado 1.

23. ¿Qué entiende el celador por material crítico?

a) Todo aquel que entra en contacto con tejidos.
b) Todo aquel que entra en contacto con el sistema tegumentario.
c) Todo aquel que sea contaminante para la piel.
d) Todas las opciones son correctas.

24. Se entiende por material semicrítico:

a) Todo aquel que está en contacto con membranas.
b) Todo aquel que está en contacto con membranas y piel intacta.
c) Todo aquel que entra en contacto con órganos internos.
d) Todo aquel que entra en contacto con tejidos.

25. Se entiende por material no crítico:

a) Todo aquel que está en contacto con membranas.
b) Todo aquel que entra en contacto con piel intacta.
c) Todo aquel que entra en contacto con tejidos.
d) Todo aquel que entra en contacto con sistema vascular.

26. Los artículos reutilizables contaminados con sangre o líquidos orgánicos:

a) Solo se desinfectan.
b) Nunca se esterilizan.
c) Deben lavarse antes de desinfectarlos o esterilizarlos.
d) Solo se lavan con agua y jabón.

27. Si se realiza una desinfección eliminando virus lipídicos de tamaño medio, virus no lípidicos pequeños, bacterias en su forma vegetativa, bacilo de Koch, esporas en determinadas circunstancias y hongos, se dice que es una desinfección:

a) De bajo nivel.
b) De nivel intermedio.
c) Total.
d) De alto nivel.

28. Cuando hablamos de la unidad del paciente, nos referimos a:

a) La habitación que ocupa.
b) El servicio en el que está hospitalizado.
c) El área, los muebles y el equipo que suministra el hospital.
d) Nada es correcto.

29. Entre la cama del paciente y la pared lateral, debe haber un espacio:

a) Máximo de 1,20 m.
b) Mínimo de 1,20 m.
c) Mínimo de 1,10 m.
d) Máximo 1,10 m.

30. En el quirófano, ¿quién recogerá y preparará el instrumental para su esterilización?
a) Personal de limpieza de quirófano
b) Enfermera/o de quirófano
c) El/la celador/a destinado/a en quirófano
d) El/la Técnico en Cuidados Auxiliares de Enfermería.

31. Respecto a los accesorios de la cama, señale la afirmación falsa:

a) El aro metálico previene decúbitos de la ropa de cama.
b) El marco balcánico forma parte de la cama ortopédica.
c) El triángulo impide la caída de los pies en flexión.
d) La férula de Braun se emplea en tracciones esqueléticas.

32. Los procedimientos quirúrgicos se agrupan:

a) Según el grado de urgencia, grado de riesgo y según el objetivo.
b) En cirugía mayor y menor.
c) En cirugía supresiva, paliativa y constructiva.
d) En cirugía electiva, de urgencia y opcional.

33. El consentimiento previo del paciente para la realización de cualquier intervención:

a) Es un derecho y se habrá de dar excepto en los supuestos legales establecidos.
b) Es un derecho y se habrá de dar siempre.
c) Es un derecho pero el facultativo podrá no exigirlo cuando lo considere conveniente.
d) No es necesario el consentimiento previo del paciente salvo en supuestos excepcionales.

34. Para examinar la región anterior del tórax como el abdomen, el paciente debe estar en posición:

a) Fowler.
b) Sims.
c) Decúbito supino.
d) Decúbito prono.

35. La posición de decúbito prono también se llama:

a) Posición abdominal.
b) Decúbito ventral.
c) Decúbito pectoral.
d) Ninguna opción es correcta.

36. Para hacer la movilización al paciente, el profesional sanitario debe:

a) Adaptar el área en la que se realiza la actividad.
b) Utilizar los músculos de las piernas en vez de los de la espalda.
c) Mantener próximo al cuerpo al paciente que vayamos a sujetar o trasladar.
d) Todas las opciones son correctas.

37. La intervención de Raúl ha tenido presencia de pus y perforación visceral. ¿Qué tipo de cirugía es?

a) Contaminada.
b) Séptica.
c) Limpia-contaminada.
d) Limpia.

38. Señale la respuesta falsa en relación con la cirugía:

a) La cirugía limpia significa que no hay inflamación, ni patología tisular, ni trauma previo.
b) Se considera cirugía limpia-contaminada las patologías respiratorias y genitourinarias.
c) La cirugía contaminada significa que existe inflamación previa y vertido de alguna cavidad corporal.
d) Las técnicas de artroplastia se consideran sucias.

39. Señale la respuesta falsa respecto a la posición quirúrgica:

a) La posición de Trendelenburg se emplea en cirugía pélvica.
b) La posición de decúbito dorsal se emplea para cirugía abdominal.
c) La posición de litotomía se emplea para cirugía perineal y rectal.
d) La posición de Kraske se emplea en cirugía lumbar.

40. El jefe del personal subalterno pide al celador que traslade a una paciente en camilla para hacerle una radiografía; al entrar en el ascensor, ¿cómo deberá hacerlo?

a) El paciente entra antes que el celador.
b) Al entrar se introducen primero los pies del paciente y, al salir, la cabecera de la camilla.
c) Al entrar, primero entra la cabecera de la camilla y, al salir, primero salen los pies del paciente.
d) Ninguna opción es cierta.

41. Transportamos al paciente en camilla hacia un recinto donde nos encontramos con una rampa; señala la opción correcta:

a) El celador bajará al paciente como pueda sin ocasionarle problemas.

b) Al subir, el celador empuja la camilla por los pies y, al bajarla, se coloca delante de la camilla y camina de espaldas a la pendiente.

c) Al subir, el celador se coloca delante de la camilla y camina de espaldas a la pendiente; al bajarla, empuja la camilla por los pies.

d) El celador avisará a otro personal para que lo ayude.

42. Vamos a transportar al paciente en silla de ruedas y nos encontramos con una rampa; señale la opción incorrecta:

a) Para bajar la rampa, el celador camina hacia atrás.

b) Para bajar la rampa, el celador camina hacia delante.

c) Para subir la rampa, el celador empuja desde atrás.

d) Todas son incorrectas.

43. ¿A qué se denomina transporte sanitario?

a) A aquel que se realiza para transportar mercancías y animales.

b) A aquel que se realiza para desplazamientos de personas enfermas y no enfermas siempre.

c) A aquel que se realiza para desplazamientos de personas enfermas, accidentadas o por otra razón clínica en vehículos especialmente acondicionados al efecto.

d) Todas las opciones son ciertas.

44. Según el carácter del transporte podemos diferenciar transporte primario, secundario y terciario. ¿Cuál es el transporte primario?

a) Es aquel que se realiza en dos centros sanitarios, admite muchas variantes y por tanto los medios empleados también pueden cambiar mucho.

b) Es el que se realiza desde el lugar donde se produce la emergencia, ya sea en el domicilio, en el lugar de trabajo y en lugares públicos.

c) El que se lleva a cabo en el propio centro hospitalario. Por ejemplo, desde una planta de medicina interna hasta la sala de ecografías.

d) Ninguna opción es cierta.

45. ¿Cuál sería el transporte terciario?

a) El que se lleva a cabo en el propio centro hospitalario, desde una planta de medicina interna hasta la sala de ecografías.

b) Es aquel que se realiza entre dos centros hospitalarios.

c) Es aquel que se realiza desde el lugar donde se produce la emergencia.

d) Ninguna es cierta.

46. Las ambulancias médicas de soporte vital avanzado (AA-SVA) de la RT-SUG-061 dispone en Galicia en la actualidad de:

a) 16 ambulancias.
b) 15 ambulancias.
c) 11 ambulancias.
d) 12 ambulancias.

47. La obtención del consentimiento informado es…

a) Un derecho del médico.
b) Un deber del médico.
c) Un derecho del paciente.
d) Un deber del personal de enfermería.

48. ¿Cuál sería el transporte secundario?

a) El que se lleva a cabo en el propio centro hospitalario, desde una planta de medicina interna hasta la sala de ecografías.
b) Es el que se realiza desde al lugar donde se produce la emergencia, ya sea en el domicilio, en el lugar de trabajo o en lugares públicos.
c) Es el que se realiza entre dos centros sanitarios. También se denomina intercentros.
d) Es el que se realiza siempre en todos los centros sanitarios.

49. En la posición de Fowler alta, la cama forma un ángulo cercano a:

a) 45 grados.
b) 60 grados.
c) 90 grados.
d) 120 grados.

50. Cuando el paciente se encuentra de rodillas en la cama con los brazos cruzados apoyados en el colchón y la cabeza sobre ellos, está en posición:

a) Ginecológica.
b) Semiprona.
c) Fowler.
d) Mahometana.

Preguntas de reserva

1. Dentro del quirófano, la persona responsable de proporcionar los cuidados de enfermería al paciente durante la intervención es:

a) La enfermera circulante.
b) La supervisora del bloque quirúrgico.
c) La enfermera instrumentista.
d) La enfermera de reanimación.

2. Al quirófano que combina una sala de operaciones convencional con sistemas de imagen como resonancia magnética, TAC o Angiografía, lo conocemos también como:

a) Quirófano experimental.
b) PET.
c) Quirófano híbrido.
d) Da Vinci.

3. El período intraoperatorio :

a) Se inicia con la llegada del paciente al quirófano y termina con la salida del mismo a la sala de recuperación postanestésica.
b) Es el periodo que dura la intervención quirúrgica.
c) Se inicia con la preparación del paciente para la operación y finaliza con el alta del mismo.
d) Ninguna de las anteriores es correcta.

En tu Curso MAD360 tienes más **supuestos prácticos** y todos tus avances quedan registrados.

¡MAD360, todo lo que necesitas para conseguir tu plaza!

Solución al supuesto práctico

1. c) Diagnóstica.

2. b) Limpia contaminada.

3. a) Preoperatoria.

4. a) Área de intercambio.

5. d) Las respuestas a) y c) son correctas.

6. a) Intermedia.

7. b) Calzas y gorro.

8. c) Antequirófano.

9. b) Antequirófano.

10. c) Transporte de aparatos diagnósticos.

11. b) Uniforme quirúrgico, calzas, gorro.

12. d) Todos son miembros no estériles.

13. c) Arco de anestesia.

14. d) Las respuestas a) y b) son correctas.

15. c) Negatoscopio.

16. b) Mueble de madera con material y medicación necesario para atender una R.C.P.

17. b) La enfermera circulante.

18. a) Asepsia.

19. d) La humedad del ambiente debe mantenerse entre el 40 y 45 %, así se genera un medio relativamente conductor, permitiendo que la electricidad estática se descargue a tierra a medida que se genera.

20. b) A la sala de reanimación.

21. d) Todas las opciones son correctas.

22. a) No crítico.

23. a) Todo aquel que entra en contacto con tejidos.

24. a) Todo aquel que está en contacto con membranas.

25. b) Todo aquel que entra en contacto con piel intacta.

26. c) Deben lavarse antes de desinfectarlos o esterilizarlos.

27. d) De alto nivel.

28. c) El área, los muebles y el equipo que suministra el hospital.

29. c) Mínimo de 1,10 m.

30. d) El/la Técnico en Cuidados Auxiliares de Enfermería.

31. c) El triángulo impide la caída de los pies en flexión.

32. a) Según el grado de urgencia, grado de riesgo y según el objetivo.

33. a) Es un derecho y se habrá de dar excepto en los supuestos legales establecidos.

34. c) Decúbito supino.

35. b) Decúbito ventral.

36. d) Todas son correctas.

37. b) Séptica.

38. d) Las técnicas de artroplastia se consideran sucias.

39. d) La posición de Kraske se emplea en cirugía lumbar.

40. c) Al entrar, primero entra la cabecera de la camilla y, al salir, primero salen los pies del paciente.

41. b) Al subir, el celador empuja la camilla por los pies y, al bajarla, se coloca delante de la camilla y camina de espaldas a la pendiente.

42. b) Para bajar la rampa el celador camina hacia delante.

43. c) A aquel que se realiza para desplazamientos de personas enfermas, accidentadas o por otra razón clínica en vehículos especialmente acondicionados al efecto.

44. b) Es el que se realiza desde el lugar donde se produce la emergencia, ya sea en el domicilio, en el lugar de trabajo y en lugares públicos.

45. a) El que se lleva a cabo en el propio centro hospitalario, desde una planta de medicina interna hasta la sala de ecografías.

46. d) 12 ambulancias.

47. b) Un deber del médico.

48. c) Es el que se realiza entre dos centros sanitarios. Se denomina también intercentros.

49. c) 90 grados.

50. d) Mahometana.

Solución a las preguntas de reserva

1. a) La enfermera circulante.

2. c) Quirófano híbrido.

3. b) Es el periodo que dura la intervención quirúrgica.

Cómo acceder al Curso

Celador/a
Test y Supuestos Prácticos

El uso de los códigos **es exclusivo de los compradores de los productos de Editorial MAD**. Cada producto posee un código único y de un solo uso. Es personal e intransferible y da acceso a servicios y contenidos adicionales. Editorial MAD se reserva el derecho de hacer cuantas comprobaciones sean necesarias para identificar al legítimo poseedor del código y dejar de dar servicio a quien haga uso fraudulento del mismo, además de emprender cuantas acciones legales estime oportunas según la legislación vigente.

Deberás acceder a:

mad.es/registro-campus

Si una vez aceptadas las condiciones de uso del Campus decides hacer uso del mismo, necesitarás del siguiente código de acceso junto con los códigos del resto de títulos que se exigen (si fuera el caso):

KU1MWYLRBV